# Maria,
### Mãe da Esperança

Maria Goretti de Oliveira
Ilanyr Felipe Costa

# Maria,
## Mãe da Esperança

Paulinas

**Dados Internacionais de Catalogação na Publicação (CIP)**
**Angélica Ilacqua CRB-8/7057**

---

Oliveira, Maria Goretti de
  Maria, mãe da esperança / Maria Goretti de Oliveira, Ilanyr Felipe Costa. - São Paulo : Paulinas, 2025.
  120 p.

  ISBN 978-65-5808-334-4

  1. Maria, Virgem, Santa – Culto 2. Vida cristã 3. Fé I. Título II. Costa, Ilanyr Felipe

  25-0046                                                                 CDD 232.1

---

**Índice para catálogo sistemático:**
1. Maria, Virgem, Santa – Culto

1ª edição – 2025

Direção-geral: *Ágda França*
Editora responsável: *Marina Mendonça*
Copidesque: *Ana Cecilia Mari*
Revisão: *Sandra Sinzato*
Gerente de produção: *Felício Calegaro Neto*
Produção de arte: *Elaine Alves*

---

*Nenhuma parte desta obra poderá ser reproduzida ou transmitida por qualquer forma e/ou quaisquer meios (eletrônico ou mecânico, incluindo fotocópia e gravação) ou arquivada em qualquer sistema ou banco de dados sem permissão escrita da Editora. Direitos reservados.*

---

Cadastre-se e receba nossas informações
paulinas.com.br
Telemarketing e SAC: 0800-7010081

**Paulinas**
Rua Dona Inácia Uchoa, 62
04110-020 – São Paulo – SP (Brasil)
📞 (11) 2125-3500
✉ editora@paulinas.com.br

© Pia Sociedade Filhas de São Paulo – São Paulo, 2025

# Sumário

Introdução ............................................................................ 7

**Dia 1** Naqueles dias, tendo se levantado, Maria partiu sem demora ............................................................................ 10

**Dia 2** Para uma cidade na região montanhosa de Judá ............... 13

**Dia 3** Entrou na casa de Zacarias ............................................. 16

**Dia 4** E saudou Isabel ............................................................. 19

**Dia 5** Quando Isabel ouviu a saudação de Maria ...................... 22

**Dia 6** O bebê pulou em seu ventre ........................................... 25

**Dia 7** Isabel ficou plena do Espírito Santo ................................ 27

**Dia 8** E exclamou com voz forte .............................................. 29

**Dia 9** "Bendita és tu entre as mulheres" .................................... 32

**Dia 10** "E bendito é o fruto de teu ventre!" ............................... 35

**Dia 11** "Por que me acontece isto, que a mãe de meu Senhor venha a mim?" ............................................... 38

**Dia 12** "Assim que o som de tua saudação chegou a meus ouvidos..." ............................................................ 41

**Dia 13** "O bebê pulou de alegria em meu ventre" ...................... 44

**Dia 14** "Bem-aventurada aquela que acreditou" ........................ 47

**Dia 15** "Que se cumprirá o que lhe foi dito da parte do Senhor" ................................................................... 49

**Dia 16** Então Maria disse: "Proclama minha alma" ................... 52

**Dia 17** "A grandeza do Senhor" ............................................... 55

**Dia 18** "Alegra-se meu espírito em Deus" ................................. 58

**Dia 19** "Meu Salvador" ........................................................... 61

**Dia 20** "Que olhou para a humildade de sua serva" ................64

**Dia 21** "A partir de agora, todas as gerações
me chamarão bem-aventurada" ................68

**Dia 22** "Porque o Poderoso fez coisas
grandiosas para mim" ................71

**Dia 23** "Santo é seu nome" ................75

**Dia 24** "E sua misericórdia, de geração em geração,
é para aqueles que o temem" ................78

**Dia 25** "Ele realizou proezas com seu braço:
dispersou os planos dos soberbos" ................81

**Dia 26** "Derrubou do trono os poderosos
e elevou os humildes" ................84

**Dia 27** "Cumulou de bens os famintos e despediu
vazios os ricos" ................87

**Dia 28** "Auxiliou Israel, seu servo" ................90

**Dia 29** "Tendo lembrado da misericórdia" ................93

**Dia 30** "Como prometera a nossos pais,
em favor de Abraão e de sua descendência para sempre" ............96

**Dia 31** Maria permaneceu com ela cerca de três meses
e, depois, voltou para sua casa ................99

Conclusão ................102

Sugestão de refrões meditativos ................104

Poemas marianos ................106

Orações marianas ................110

Santo Rosário ................116

# Introdução

Bem-vindo, bem-vinda a um mês com Maria! Sinta-se em casa! A partir de agora, você faz parte de uma grande comunidade que reza, medita e reflete diariamente o cântico de Maria.

O Evangelho diz que, quando Isabel acolheu Maria em sua casa e escutou a sua saudação, a criança pulou de alegria em seu ventre e ela ficou plena do Espírito Santo (Lc 1,41). Isso revela que esse acontecimento foi mais do que um encontro familiar, foi um momento de manifestação clara da graça divina. E é essa experiência de sentir a ação divina nos acontecimentos da vida que desejamos a você ao longo deste mês.

Basta estar atento e certamente irá perceber a graça de Deus em sua vida. Note que, entre Isabel e Maria, a graça se deu em um encontro. Como então isso se dará com você? Não sabemos. Porém, se observar com atenção, ao final deste mês terá sua história para contar, seu *Magnificat* para entoar, pois Deus costuma se manifestar de formas diversas e sempre dentro do contexto diário da nossa vida. O que nós queremos é ajudá-lo a perceber esses sinais ao cultivar uma "amizade espiritual" com ele. "A amizade espiritual é a ciência de Deus, na qual os santos recebem o título de amigos de Deus." Maria foi amiga de Deus e se tornou a mãe do Salvador.

Nosso desejo é de que você cresça ainda mais em sua relação de amizade com Deus, aprendendo com Maria. Por isso, nossa proposta é a de que reserve todo dia algum tempo para a sua oração mariana com este livro, fazendo o itinerário da narrativa de Lc 1,39-56.

Ao final de cada reflexão, há uma oração e um mantra, que serão sempre os mesmos, para ajudá-lo a fazer uma boa meditação. A repetição consolida a experiência. Também há a proposta de uma prática transformadora, que você pode seguir ou substituir por outra, conforme o seu coração indicar. Só não deixe de fazer algo, pois toda oração leva a uma ação.

Para acompanhar os mantras, basta escanear o QR Code com a câmara do seu celular e terá acesso à playlist em seu aplicativo de música.

Bom caminho!

## Maria visita Isabel

Naqueles dias, tendo-se levantado, Maria partiu sem demora
para uma cidade na região montanhosa de Judá.
Entrou na casa de Zacarias
e saudou Isabel.
Quando Isabel ouviu a saudação de Maria,
o bebê pulou em seu ventre.
Isabel ficou plena do Espírito Santo
e exclamou com voz forte:
"Bendita és tu entre as mulheres,
e bendito é o fruto de teu ventre!
Por que me acontece isto, que a mãe de meu Senhor
venha a mim?
Assim que o som de tua saudação chegou a meus ouvidos,
o bebê pulou de alegria em meu ventre.
Bem-aventurada aquela que acreditou
que se cumprirá o que lhe foi dito da parte do Senhor".

(Lc 1,39-45)

# Dia 1

## Tema: Naqueles dias, tendo se levantado, Maria partiu sem demora

*Reflexão*

Quando ficou sabendo da gravidez de Isabel, Maria foi a seu encontro com o intuito de ser presença e ajuda para a sua prima, que tinha idade avançada. Ela também estava grávida, pois já havia dito "sim" ao convite de Deus feito pelo anjo Gabriel.

Partir supõe a capacidade de adaptação a um lugar, a um ambiente novo, a um espaço diferente; requer também o despojamento das próprias coisas e rotinas, além de abertura para acolher realidades novas. Exige prontidão para servir nesse novo contexto e disposição interior para deixar para trás as próprias necessidades a fim de atender às de outras pessoas. É preciso coragem para sair de si, para pôr-se a caminho.

Maria não esperou que chegassem os bons tempos; ela partiu sem demora em direção à Judeia, percorrendo cerca de 160 km, até chegar a uma cidade chamada hoje de Ain Karin, onde habitavam Isabel e Zacarias.

O evangelista Lucas, em sua narrativa, não descreve os detalhes dessa viagem missionária. Sabe-se que Isabel necessitava de ajuda e acompanhamento porque era de idade avançada, e Maria, mais jovem, foi ao seu encontro porque imaginou que poderia ser-lhe útil, uma vez que a gravidez de Isabel já estava adiantada.

Em sua partida para a casa de Isabel, Maria nos mostra que a benevolência de Deus se manifesta através de pessoas que, com sua simplicidade, fé e generosidade, colocam-se a serviço da vida em todas as suas realidades, sem medir esforços ou sacrifícios.

### Canto ou mantra

**Ave, Maria**
*Frei Luiz Turra*
*Ave, Maria! Ave, Maria! Ave! Ave! Ave, Maria.*

### Oração

**Consagração de si a Maria**

Acolhei-me, ó Maria, Mãe, Mestra e Rainha,
entre os que amais, nutris e santificais
e guiais na escola de Jesus Cristo, Divino Mestre.
Vós reconheceis nos planos de Deus
os filhos que ele chama, e por eles intercedeis,
obtendo-lhes graça, luz e conforto.
Desde a encarnação até a ascensão,
Jesus Cristo entregou-se completamente a vós.
Isso é, para mim, ensinamento, exemplo e dom inefável.
Eu também me coloco inteiramente em vossas mãos.

Alcançai-me a graça de conhecer, imitar
e amar sempre mais o Divino Mestre,
Caminho, Verdade e Vida.
Iluminai a minha mente, fortificai a minha vontade,
santificai o meu coração,
para que eu possa corresponder à vossa bondade.
Amém.

Bem-aventurado Tiago Alberione

Prática transformadora – A exemplo de Maria, ir ao encontro de pessoas que precisam de ajuda.

# Dia 2

## Tema: Para uma cidade na região montanhosa de Judá

### *Reflexão*

Maria partiu para uma região de montanhas, ao sul de Israel, identificada hoje como Ain Karim. As dificuldades do caminho não foram relatadas pelo Evangelho, mas é possível imaginá-las diante do cenário da época. Certamente, Maria não calculou os desafios de um percurso íngreme, nem pensou nos imprevistos que poderia encontrar, pois, para ela, o importante era chegar até Isabel e servir-lhe de ajuda e apoio. A motivação de estar próxima de Isabel, em um momento no qual ela precisava de delicada atenção, a fez percorrer as montanhas da Judeia apressadamente e com resoluta decisão.

Maria percorreu uma estrada árdua e perigosa, porque desejava compartilhar aquilo que recebeu do Senhor. Não se contentou em permanecer em Nazaré, onde se sentia segura. Ao contrário, impelida pelo desejo de comunicar os favores e a graça de Deus, ela partiu. Ao longo do caminho, certamente louvou a Deus por sua ação misteriosa e surpreendente, contemplando as maravilhas do Senhor, que proclamaria mais tarde no cântico de louvor e de esperança, o *Magnificat*.

Pouco tempo antes, Maria havia sido visitada por um mensageiro de Deus, o anjo Gabriel. Deus nos alcança de muitas formas e também nos convida a fazer visitas que revelam a sua presença e seu amor. Maria foi visitar a sua parente mais velha para ser presença, partilhar da alegria dela e colaborar nas atividades cotidianas.

## Canto ou mantra

**Ave, Maria**
*Frei Luiz Turra*

*Ave, Maria! Ave, Maria! Ave! Ave! Ave, Maria.*

## Oração

**Consagração de si a Maria**

Acolhei-me, ó Maria, Mãe, Mestra e Rainha,
entre os que amais, nutris e santificais
e guiais na escola de Jesus Cristo, Divino Mestre.
Vós reconheceis nos planos de Deus
os filhos que ele chama, e por eles intercedeis,
obtendo-lhes graça, luz e conforto.
Desde a encarnação até a ascensão,
Jesus Cristo entregou-se completamente a vós.
Isso é, para mim, ensinamento, exemplo e dom inefável.
Eu também me coloco inteiramente em vossas mãos.
Alcançai-me a graça de conhecer, imitar
e amar sempre mais o Divino Mestre,
Caminho, Verdade e Vida.

Iluminai a minha mente, fortificai a minha vontade,
santificai o meu coração,
para que eu possa corresponder à vossa bondade.
Amém.

Bem-aventurado Tiago Alberione

Prática transformadora – Se você conhece alguma pessoa idosa ou solitária, faça-lhe uma visita, seja também presença e apoio.

# Dia 3

# Tema: Entrou na casa de Zacarias

### *Reflexão*

Maria entrou na casa de Zacarias e saudou Isabel, que carregava em seu ventre o menino que lhe fora dado por Deus em sua velhice.

Ao anúncio do anjo de que Isabel conceberia na velhice, Zacarias reagiu com incredulidade e manteve-se mudo por mais de seis meses. Mas o sacerdote aos poucos foi aceitando a novidade, pois ele também fora agraciado por Deus e designado para ser o pai daquele que veio para preparar o caminho do Senhor. Zacarias reconheceu que Deus tinha visitado o seu povo para trazer a salvação.

A ida de Maria até Isabel preanuncia a visita que Deus faria a seu povo. Assim como todo o povo de Israel, Isabel, mulher de uma fé ancorada na esperança, também aguardava o Messias prometido nas Escrituras, aquele que viria para restabelecer a paz e a justiça.

Na casa de Zacarias e Isabel, Maria aproxima-se da realidade desses dois idosos, deixando para trás o ambiente em que vivia para entrar em uma nova realidade. Ela espera que seus parentes lhe abram espaço e que partilhem com ela sua vida e sua fé, entrando em comunhão com a esperança que os sustenta.

No encontro dessas duas mulheres, unem-se as alianças que Deus fez com o seu povo, e, por meio delas, podemos contemplar tanto a promessa quanto seu cumprimento.

## *Canto ou mantra*

**Ave, Maria**
*Frei Luiz Turra*

*Ave, Maria! Ave, Maria! Ave! Ave! Ave, Maria.*

## *Oração*

**Consagração de si a Maria**

Acolhei-me, ó Maria, Mãe, Mestra e Rainha,
entre os que amais, nutris e santificais
e guiais na escola de Jesus Cristo, Divino Mestre.
Vós reconheceis nos planos de Deus
os filhos que ele chama, e por eles intercedeis,
obtendo-lhes graça, luz e conforto.
Desde a encarnação até a ascensão,
Jesus Cristo entregou-se completamente a vós.
Isso é, para mim, ensinamento, exemplo e dom inefável.
Eu também me coloco inteiramente em vossas mãos.
Alcançai-me a graça de conhecer, imitar
e amar sempre mais o Divino Mestre,
Caminho, Verdade e Vida.

Iluminai a minha mente, fortificai a minha vontade,
santificai o meu coração,
para que eu possa corresponder à vossa bondade.
Amém.

> Bem-aventurado Tiago Alberione

Prática transformadora – Agradeça a Deus, pois ele também fez uma aliança com você, peça que ele a renove.

# Dia 4

## Tema:
## E saudou Isabel

*Reflexão*

No encontro das duas mães que foram agraciadas com a gestação, uma estéril e outra virgem, revela-se a fidelidade de Deus às suas promessas. Maria e Isabel foram chamadas a colaborar na realização do projeto de salvação. Isabel irá gerar João, o Batista, aquele que batizará com água, mas que apontará para o Cordeiro de Deus, que irá batizar com o Espírito. João será chamado de o profeta do Altíssimo, pois preparará os caminhos do Senhor. Maria irá gerar o Filho do Altíssimo!

Na saudação, as duas mães se reconhecem como portadoras de uma missão divina. Foram escolhidas em sua condição de mulheres simples, do povo, mas ricas de fé e esperança. A saudação é o ponto alto desse encontro, pois sem isso não haveria a demonstração de afeto, a acolhida e a consideração mútua.

O encontro dessas duas mulheres dá início a um novo tempo, um tempo de graça, no qual os pobres, marginalizados e carentes são incluídos e participam do desenrolar de uma nova história, na qual Deus vê a miséria do seu povo e vem a seu encontro, tornando-se um de nós ao assumir nossa natureza humana.

Maria e Isabel, participantes desse processo de libertação e redenção, mantêm a fidelidade ao que lhes fora confiado da parte de Deus, mesmo em meio às incertezas do futuro.

## *Canto ou mantra*

**Ave, Maria**

*Frei Luiz Turra*

*Ave, Maria! Ave, Maria! Ave! Ave! Ave, Maria.*

## *Oração*

**Consagração de si a Maria**

Acolhei-me, ó Maria, Mãe, Mestra e Rainha,
entre os que amais, nutris e santificais
e guiais na escola de Jesus Cristo,
Divino Mestre.
Vós reconheceis nos planos de Deus
os filhos que ele chama, e por eles intercedeis,
obtendo-lhes graça, luz e conforto.
Desde a encarnação até a ascensão,
Jesus Cristo entregou-se completamente a vós.
Isso é, para mim, ensinamento,
exemplo e dom inefável.
Eu também me coloco inteiramente em vossas mãos.
Alcançai-me a graça de conhecer,
imitar e amar sempre mais o Divino Mestre,
Caminho, Verdade e Vida.

Iluminai a minha mente,
fortificai a minha vontade,
santificai o meu coração,
para que eu possa corresponder à vossa bondade.
Amém.

Bem-aventurado Tiago Alberione

Prática transformadora – Em sua casa, na rua, ou em seu ambiente de trabalho ou estudo, saude alguém com gentileza e afeição.

# Dia 5

## Tema: Quando Isabel ouviu a saudação de Maria

*Reflexão*

O encontro entre Maria e Isabel põe em relevo o verdadeiro sentido de uma visita, atitude que aprofunda os laços entre pessoas que se estimam. Esse encontro fortalece a amizade, valorizando as afeições que escolhemos continuar nutrindo com nossa presença. Esses momentos são repletos de alegria, ternura e esperança.

A disposição de ir ao encontro do outro, como sinal de cuidado e consideração, alimenta a nossa existência, pois o amor é simples e pode ser vivenciado todos os dias, como uma forma de presença sutil e gratuita, manifestada em pequenos gestos de apoio, confiança e paciência.

Isabel, ao ouvir a saudação de Maria, percebe que ela traz consigo a presença de Deus, algo que se revela no seu semblante, nas suas palavras e nos seus gestos. Isso gera em Maria a confirmação de que a criança que ela carregava vinha de Deus.

As duas mães foram agraciadas com o favor divino e sabem esperar a manifestação desse favor no labor cotidiano, no qual o Espírito se revela por meio da vida nova que está sendo gerada.

Com essa atitude de abertura e receptividade, ao contemplar o mistério da nossa fé, aprendemos a estar atentos às pessoas de Deus que estão ao nosso redor. Isabel, ao receber Maria em sua casa, reconhece a presença de Deus e a acolhe com esperança.

Deus vem ao nosso encontro por meio das pessoas. E há muitas pessoas Dele em nossas redes de relações, ajudando-nos a abrir a nossa casa interior para acolher a mensagem do Senhor. Também, por meio de nós, Deus visita aqueles que precisam receber as suas boas-novas.

## *Canto ou mantra*

**Ave, Maria**

*Frei Luiz Turra*

Ave, Maria! Ave, Maria! Ave! Ave! Ave, Maria.

## *Oração*

**Consagração de si a Maria**

Acolhei-me, ó Maria, Mãe, Mestra e Rainha,
entre os que amais, nutris e santificais
e guiais na escola de Jesus Cristo, Divino Mestre.
Vós reconheceis nos planos de Deus
os filhos que ele chama, e por eles intercedeis,
obtendo-lhes graça, luz e conforto.
Desde a encarnação até a ascensão,
Jesus Cristo entregou-se completamente a vós.
Isso é, para mim, ensinamento, exemplo e dom inefável.
Eu também me coloco inteiramente em vossas mãos.

Alcançai-me a graça de conhecer, imitar
e amar sempre mais o Divino Mestre,
Caminho, Verdade e Vida.
Iluminai a minha mente, fortificai a minha vontade,
santificai o meu coração,
para que eu possa corresponder à vossa bondade.
Amém.

Bem-aventurado Tiago Alberione

Prática transformadora – Nos encontros cotidianos, busque desenvolver maior sensibilidade aos sinais da presença de Deus nas pessoas.

# Dia 6

# Tema: O bebê pulou em seu ventre

*Reflexão*

Isabel e Zacarias desejavam ter um filho, mas já estavam em idade avançada, e Isabel era estéril. Mesmo diante de tanta improbabilidade, eles continuavam rezando a Deus. E a oração deles foi ouvida, pois Deus tinha um propósito. Maria era jovem e virgem, porém, sob a ação do Espírito Santo, uma criança foi gerada em seu ventre.

Quando Isabel ouviu a saudação de Maria, "a criança pulou em seu ventre", porque a presença de Deus em Maria gera vida por onde ela passa. A alegria e a esperança são geradas nas entranhas de Maria. São os primeiros sinais da chegada do Messias, que virá para restaurar a vida de todo aquele que ansiosamente espera a sua vinda.

Nós também carregamos dentro de nós a vida divina e somos portadores de esperança. Que o Espírito nos ajude a reconhecer os vestígios da atuação de Deus na história do povo, para que a nossa vida se torne uma prece de louvor, alegria e salvação.

*Canto ou mantra*

**Ave, Maria**
Frei Luiz Turra

Ave, Maria! Ave, Maria! Ave! Ave! Ave, Maria.

## Oração

**Consagração de si a Maria**

Acolhei-me, ó Maria, Mãe, Mestra e Rainha,
entre os que amais, nutris e santificais
e guiais na escola de Jesus Cristo, Divino Mestre.
Vós reconheceis nos planos de Deus
os filhos que ele chama, e por eles intercedeis,
obtendo-lhes graça, luz e conforto.
Desde a encarnação até a ascensão,
Jesus Cristo entregou-se completamente a vós.
Isso é, para mim, ensinamento, exemplo e dom inefável.
Eu também me coloco inteiramente em vossas mãos.
Alcançai-me a graça de conhecer, imitar
e amar sempre mais o Divino Mestre,
Caminho, Verdade e Vida.
Iluminai a minha mente, fortificai a minha vontade,
santificai o meu coração,
para que eu possa corresponder à vossa bondade.
Amém.

Bem-aventurado Tiago Alberione

Prática transformadora – Manifeste a vida divina dentro de si, levando às pessoas a esperança da salvação.

# Dia 7

## Tema: Isabel ficou plena do Espírito Santo

*Reflexão*

Aqui podemos contemplar a manifestação do Espírito envolvendo Maria e Isabel. Maria transmite a Isabel a vida nova que nela está sendo gerada; Isabel fica plena do Espírito que se manifesta em Maria. Acontece uma forte experiência do Espírito na vida dessas duas mulheres.

Maria carrega em si o dom do Espírito que desceu sobre ela, gerando a vida que habita em seu seio. É sob a ação do Espírito que realiza a sua missão, abrindo espaço a uma nova presença dentro dela. Isabel é envolvida por essa presença, o que a leva a ficar plena do Espírito Santo.

O "sim" de Maria tem como fundamento a fé na ação do Espírito Santo e a confiança na Palavra de Deus. Sua esperança pressupõe um ato de entrega a Deus, ou seja, possui uma orientação divina, o que a leva a compreender que a salvação já está sendo gerada e construída.

Maria entra nesse mistério de fé, pois crê que o Senhor cumpre a sua Palavra e age em favor dos que o invocam. Ela tem consciência da sua pequenez diante do projeto que abraça, mas está unida à ação divina e à missão a que é chamada.

## Canto ou mantra

**Ave, Maria**
*Frei Luiz Turra*

*Ave, Maria! Ave, Maria! Ave! Ave! Ave, Maria.*

## Oração

**Consagração de si a Maria**

Acolhei-me, ó Maria, Mãe, Mestra e Rainha,
entre os que amais, nutris e santificais
e guiais na escola de Jesus Cristo, Divino Mestre.
Vós reconheceis nos planos de Deus
os filhos que ele chama, e por eles intercedeis,
obtendo-lhes graça, luz e conforto.
Desde a encarnação até a ascensão,
Jesus Cristo entregou-se completamente a vós.
Isso é, para mim, ensinamento, exemplo e dom inefável.
Eu também me coloco inteiramente em vossas mãos.
Alcançai-me a graça de conhecer, imitar
e amar sempre mais o Divino Mestre,
Caminho, Verdade e Vida.
Iluminai a minha mente, fortificai a minha vontade,
santificai o meu coração,
para que eu possa corresponder à vossa bondade.
Amém.

Bem-aventurado Tiago Alberione

> Prática transformadora – Caminhe buscando crescer na obediência da fé, deixando-se conduzir pelo Espírito de Deus que gera vida.

# Dia 8

# Tema:
# E exclamou com voz forte

### *Reflexão*

Isabel exclama com voz forte, com a força atuante do Espírito nela, que a faz reconhecer Maria e sua missão particular. A atitude de Isabel sinaliza o reconhecimento da fidelidade de Deus, ao realizar a sua promessa por meio da virgem oferente que doa Jesus ao mundo.

Na voz de Isabel, ressoam as esperanças do povo de Israel. Seu grito é forte, proveniente das suas entranhas, pois o Messias vem para "derrubar do trono os poderosos e elevar os humildes". É o despontar de um caminho de libertação.

Isabel exprime-se em alta voz, pois, no ventre de Maria, Deus está presente. O filho concebido por Maria assumirá a história de modo pleno. Nessa esperança, os que vivem à margem, desconsiderados e desprezados, serão vistos e exaltados, enquanto os soberbos e poderosos serão destituídos de seu poder. Maria é profetisa da esperança e modelo de fé para os pobres do Senhor.

A voz de Isabel imprime a confiança de que Deus é o autor do que, por meio de Maria, estava para se realizar: a libertação do povo. Ela testemunha a experiência que Maria fez de Deus, pondo nele toda a sua esperança, e proclama a ação transformadora de Deus no que concerne à injustiça, à exploração, à dominação dos poderosos, que geram pobreza e marginalização. Aqui podemos apreciar a atuação de Deus em favor do seu povo, fiel à sua aliança.

## *Canto ou mantra*

**Ave, Maria**
*Frei Luiz Turra*

Ave, Maria! Ave, Maria! Ave! Ave! Ave, Maria.

## *Oração*

**Consagração de si a Maria**
Acolhei-me, ó Maria, Mãe, Mestra e Rainha,
entre os que amais, nutris e santificais
e guiais na escola de Jesus Cristo, Divino Mestre.
Vós reconheceis nos planos de Deus
os filhos que ele chama,
e por eles intercedeis,
obtendo-lhes graça, luz e conforto.
Desde a encarnação até a ascensão,
Jesus Cristo entregou-se completamente a vós.
Isso é, para mim, ensinamento,
exemplo e dom inefável.
Eu também me coloco inteiramente em vossas mãos.
Alcançai-me a graça de conhecer, imitar
e amar sempre mais o Divino Mestre,
Caminho, Verdade e Vida.

Iluminai a minha mente, fortificai a minha vontade,
santificai o meu coração,
para que eu possa corresponder à vossa bondade.
Amém.

> Bem-aventurado Tiago Alberione

---

**Prática transformadora** – Nas realidades e contextos em que você está ou atua, quando necessário, use a voz para denunciar injustiças e opressões.

# Dia 9

## Tema: "Bendita és tu entre as mulheres"

### Reflexão

Maria é bendita entre as mulheres, pois o seu "sim", pronunciado na obediência da fé, permitiu a encarnação de Deus na história. O seu "faça-se" não foi dito somente no momento do anúncio do anjo, mas se manteve em toda a sua vida, mesmo diante de uma missão que a levou até a cruz do seu Filho.

Ela é bendita, pois carrega em seu ventre o Filho de Deus. Ao chamá-la de "bendita", Isabel manifesta o reconhecimento de que ela foi a escolhida de Deus, agraciada e abençoada entre todas as mulheres.

Na intimidade da sua relação com Deus, Maria contempla o mistério a ela revelado. Acolhe a sua missão, pois experimenta a força e a ação do Espírito Santo que confirmam o propósito divino. O seu "sim" dá origem a um tempo permeado de acontecimentos salvíficos. A bem-aventurada Maria comunica o Espírito Santo à Isabel e ao precursor, que também está repleto do Espírito Santo. A comunicação começa com a alegria do filho que está sendo gerado em seu ventre e se expande com o reconhecimento da Mãe do Messias.

O mistério da encarnação se realiza nela, por isso será sempre bendita entre todas as mulheres. Como Mãe de Jesus, intercede por todos os seus filhos que também buscam caminhar na fé.

## Canto ou mantra

**Ave, Maria**
*Frei Luiz Turra*

*Ave, Maria! Ave, Maria! Ave! Ave! Ave, Maria.*

## Oração

**Consagração de si a Maria**

Acolhei-me, ó Maria, Mãe, Mestra e Rainha,
entre os que amais, nutris e santificais
e guiais na escola de Jesus Cristo, Divino Mestre.
Vós reconheceis nos planos de Deus
os filhos que ele chama,
e por eles intercedeis,
obtendo-lhes graça, luz e conforto.
Desde a encarnação até a ascensão,
Jesus Cristo entregou-se completamente a vós.
Isso é, para mim, ensinamento,
exemplo e dom inefável.
Eu também me coloco inteiramente em vossas mãos.
Alcançai-me a graça de conhecer, imitar
e amar sempre mais o Divino Mestre,
Caminho, Verdade e Vida.

Iluminai a minha mente,
fortificai a minha vontade,
santificai o meu coração,
para que eu possa corresponder à vossa bondade.
Amém.

Bem-aventurado Tiago Alberione

> Prática transformadora – Assim como Isabel, faça um louvor a Maria, reconhecendo-a como a bem-aventurada entre as mulheres.

# Dia 10

## Tema: "E bendito é o fruto de teu ventre!"

### *Reflexão*

Sobre Maria foi derramado o "poder do Altíssimo", a fim de que ela gerasse o bendito fruto que veio ao mundo para realizar a salvação querida por Deus. A fé de Maria a fez participar da história do seu povo, permeada pela esperança, tendo como referência os patriarcas e os profetas. História essa sustentada na promessa que Deus fez desde os tempos antigos, a de que viria o Messias para libertar o povo. Maria acolhe e assimila essa herança de fé, e a ela responde, em sua carne, dando à luz seu Filho.

Ela é a mulher que oferece Jesus ao mundo, sendo mestra e companhia para quem se dispõe a seguir o seu Filho. Ela acolhe o plano de salvação do Pai, ao gerar o Verbo de Deus em seu ventre. Entrega todo o seu ser, fazendo-se morada de Deus e do Espírito que a cobre com a sua sombra.

Maria acompanha Jesus da gestação à cruz. Sua presença silenciosa e orante é a força de que todo filho precisa para viver a sua própria história de salvação. Mãe da esperança e senhora do "sim", a serva do Senhor aceita, pela fé, algo impossível aos olhos humanos, a concepção de uma virgem. A sua vida é um ato de fé.

A gravidez de Isabel, estéril e de idade avançada, foi a confirmação de que "nada é impossível para Deus". Maria pode não ter entendido inteiramente o sentido das palavras do anjo, mas sentiu-se agraciada e amada por Deus, o que a fez superar o medo. O grito do seu povo também a tornou sensível ao chamado do Senhor. O "sim" de Maria, sua resposta de obediência livre, humilde e grandiosa, a tornou a Mãe de Deus.

## *Canto ou mantra*

**Ave, Maria**
*Frei Luiz Turra*

Ave, Maria! Ave, Maria! Ave! Ave! Ave, Maria.

## *Oração*

**Consagração de si a Maria**

Acolhei-me, ó Maria, Mãe, Mestra e Rainha,
entre os que amais, nutris e santificais
e guiais na escola de Jesus Cristo, Divino Mestre.
Vós reconheceis nos planos de Deus
os filhos que ele chama, e por eles intercedeis,
obtendo-lhes graça, luz e conforto.
Desde a encarnação até a ascensão,
Jesus Cristo entregou-se completamente a vós.
Isso é, para mim, ensinamento, exemplo e dom inefável.
Eu também me coloco inteiramente em vossas mãos.
Alcançai-me a graça de conhecer, imitar
e amar sempre mais o Divino Mestre,
Caminho, Verdade e Vida.

Iluminai a minha mente, fortificai a minha vontade,
santificai o meu coração,
para que eu possa corresponder à vossa bondade.
Amém.

Bem-aventurado Tiago Alberione

> Prática transformadora – Deus também nos convida a participar do seu projeto e comungar da sua vida. Acolha com fé esse chamado.

# Dia 11

## Tema: "Por que me acontece isto, que a mãe de meu Senhor venha a mim?"

*Reflexão*

Ao ver Maria, Isabel reconhece que ela porta em si o mistério de Deus e dirige-se a ela como a Mãe do Senhor, fazendo referência à sua maternidade messiânica. Isabel reconhece a presença divina e questiona: "Por que me acontece isto, que a mãe de meu Senhor venha a mim?". Ela sente-se honrada com a visita da Mãe de Deus (theotókos).

A misericórdia do Senhor alcança o casal de idade avançada. Assim como Isabel, Zacarias também fica repleto do Espírito Santo. E ambos louvam as maravilhas e a fidelidade de Deus na história do seu povo.

Maria reflete a presença de Deus por onde passa, ensinando-nos a viver uma fé encarnada e solidária. Ela nos convida a ter um coração que louva a Deus, pois ele olha para a condição humilde do seu povo, agindo com misericórdia e realizando grandes coisas.

O ventre de Maria torna-se o templo por meio do qual o Senhor entra em comunhão com a humanidade. Nela manifesta-se o amor de Deus.

A exclamação de Isabel: "Por que me acontece isto, que a mãe de meu Senhor venha a mim?", nos remete à de Davi diante da arca: "Como virá a mim a arca do Senhor?" (2Sm 6,9). A arca da aliança simboliza o lugar da presença de Deus entre os homens; e Maria, em seu seio, carrega o próprio Deus. A arca continha as tábuas da Lei; Jesus é a nova aliança (Lc 22,20). Na arca estava também o maná, pão do céu; Jesus é o Pão Vivo (Jo 6, 51). E havia a vara de Aarão; Jesus é sacerdote para sempre (Hb 7,23-24). Por isso, podemos considerar Maria como a arca da Nova Aliança.

## Canto ou mantra

**Ave, Maria**

*Frei Luiz Turra*

Ave, Maria! Ave, Maria! Ave! Ave! Ave, Maria.

## Oração

**Consagração de si a Maria**

Acolhei-me, ó Maria, Mãe, Mestra e Rainha,
entre os que amais, nutris e santificais
e guiais na escola de Jesus Cristo, Divino Mestre.
Vós reconheceis nos planos de Deus
os filhos que ele chama, e por eles intercedeis,
obtendo-lhes graça, luz e conforto.
Desde a encarnação até a ascensão,
Jesus Cristo entregou-se completamente a vós.

Isso é, para mim, ensinamento, exemplo e dom inefável.
Eu também me coloco inteiramente em vossas mãos.

Alcançai-me a graça de conhecer, imitar
e amar sempre mais o Divino Mestre,
Caminho, Verdade e Vida.
Iluminai a minha mente, fortificai a minha vontade,
santificai o meu coração,
para que eu possa corresponder à vossa bondade.
Amém.

Bem-aventurado Tiago Alberione

> Prática transformadora – Com a sua atitude, Isabel nos ensina a reconhecer a presença de Deus na vida das pessoas. Busque acolher e se alegrar com os sinais da presença de Deus em seu convívio.

# Dia 12

## Tema: "Assim que o som de tua saudação chegou a meus ouvidos..."

### *Reflexão*

A saudação pode nos ensinar a reconhecer Deus, que vem até nós de diferentes formas, a maioria delas simples e comuns. Maria e Isabel eram mulheres sensíveis à ação de Deus, cheias de fé, envolvidas na expectativa da realização da promessa de Deus.

A saudação de Maria comunica a vida que ela leva em seu interior. Há algo diferente em Maria, e Isabel percebe. A presença de Deus as habita, há um mistério que as envolve e as tornam solidárias na fé. A saudação traz consigo alegria e esperança, pois a chegada do Messias está próxima.

Isabel vê em Maria o agir de Deus em resposta à oração do povo, que estava à espera do Messias há muito tempo. Ela proclama a fé dos antepassados nos tempos messiânicos, a de que o Messias vem para estabelecer um tempo de justiça e de redenção para todos os que estão à margem da sociedade e confiam na graça da salvação.

Na história da salvação, a iniciativa é inteiramente de Deus. O que Deus realizou em Maria faz parte do mistério da sua escolha e da abundância da sua graça.

## Canto ou mantra

**Ave, Maria**
*Frei Luiz Turra*

Ave, Maria! Ave, Maria! Ave! Ave! Ave, Maria.

## Oração

**Consagração de si a Maria**

Acolhei-me, ó Maria, Mãe, Mestra e Rainha,
entre os que amais, nutris e santificais
e guiais na escola de Jesus Cristo, Divino Mestre.
Vós reconheceis nos planos de Deus
os filhos que ele chama,
e por eles intercedeis,
obtendo-lhes graça, luz e conforto.
Desde a encarnação até a ascensão,
Jesus Cristo entregou-se completamente a vós.
Isso é, para mim, ensinamento,
exemplo e dom inefável.
Eu também me coloco inteiramente em vossas mãos.
Alcançai-me a graça de conhecer, imitar
e amar sempre mais o Divino Mestre,
Caminho, Verdade e Vida.

Iluminai a minha mente, fortificai a minha vontade,
santificai o meu coração,
para que eu possa corresponder à vossa bondade.
Amém.

> Bem-aventurado Tiago Alberione

Prática transformadora – Esteja atento(a) ao que escuta no dia a dia, pois Deus se revela de muitas maneiras.

# Dia 13

## Tema: "O bebê pulou de alegria em meu ventre"

### *Reflexão*

O encontro entre Maria e Isabel, marcado pela concepção de João Batista e de Jesus, nos mostra a intervenção divina em situações aparentemente impossíveis. Também nos recorda da importância de estarmos presentes na vida da nossa família, sobretudo em momentos especiais, oferecendo ajuda, consolo e compartilhando as maravilhas que Deus realiza em nosso meio.

João Batista já tinha uma missão desde o ventre materno: ser o precursor, o mensageiro que prepararia os caminhos para a chegada do Messias. Ele pregava um batismo de conversão dos pecados e desempenhava uma importante missão na transição entre o Antigo e o Novo Testamento.

Assim, João, ainda no ventre de sua mãe, já profetizava, exultando diante da presença do Salvador. Ambos, mãe e filho, reconheceram o Deus menino no ventre de Maria e preanunciaram a vinda do Senhor.

Maria encontrou graça diante do Senhor, pois experimentou seu amor e sua predileção. O expressivo diálogo que acontece entre Maria, Isabel e João Batista sinaliza a visita amorosa de Deus a Maria. Diante da alegria manifestada por João, Maria ensina-nos que a primeira atitude é deixar que as palavras, gestos e acontecimentos ressoem em nosso interior.

## *Canto ou mantra*

**Ave, Maria**

*Frei Luiz Turra*

*Ave, Maria! Ave, Maria! Ave! Ave! Ave, Maria.*

## *Oração*

**Consagração de si a Maria**

Acolhei-me, ó Maria, Mãe, Mestra e Rainha,
entre os que amais, nutris e santificais
e guiais na escola de Jesus Cristo, Divino Mestre.
Vós reconheceis nos planos de Deus
os filhos que ele chama,
e por eles intercedeis,
obtendo-lhes graça, luz e conforto.
Desde a encarnação até a ascensão,
Jesus Cristo entregou-se completamente a vós.
Isso é, para mim, ensinamento,
exemplo e dom inefável.
Eu também me coloco inteiramente em vossas mãos.
Alcançai-me a graça de conhecer, imitar
e amar sempre mais o Divino Mestre,

Caminho, Verdade e Vida.
Iluminai a minha mente, fortificai a minha vontade,
santificai o meu coração,
para que eu possa corresponder à vossa bondade.
Amém.

> Bem-aventurado Tiago Alberione

Prática transformadora – Partilhe a alegria de sentir-se amado por Deus e manifeste esse amor às pessoas em seu caminho.

# Dia 14

## Tema: "Bem-aventurada aquela que acreditou"

### *Reflexão*

A expressão: "Bem-aventurada aquela que acreditou", diz respeito à realidade de Maria, pois ela é "crente" por excelência e nos oferece um exemplo perfeito de fé ao responder com um "sim" à missão mais importante que alguém poderia receber de Deus. Por essa razão, todos são convidados a chamar Maria de "bem-aventurada"; esta mulher que vive na esperança dos que creem, a qual Deus escolheu para ser a mãe de seu Filho.

Com sua fé, Maria nos ensina a não ter medo do que parece impossível, daquilo que está acima das nossas forças humanas, pois a graça do Senhor vem em nosso socorro. Precisamos ter a coragem da fé para arriscar, dar tudo de nós, fazer perguntas, questionar, até compreendermos o que o Senhor deseja.

Deus acompanha o seu povo que caminha na esperança do Reino e que busca, assim como Maria, derrubar as estruturas que oprimem e escravizam as pessoas.

### *Canto ou mantra*

**Ave, Maria**
*Frei Luiz Turra*

Ave, Maria! Ave, Maria! Ave! Ave! Ave, Maria.

### *Oração*

**Consagração de si a Maria**
Acolhei-me, ó Maria, Mãe, Mestra e Rainha,
entre os que amais, nutris e santificais
e guiais na escola de Jesus Cristo, Divino Mestre.
Vós reconheceis nos planos de Deus
os filhos que ele chama, e por eles intercedeis,
obtendo-lhes graça, luz e conforto.
Desde a encarnação até a ascensão,
Jesus Cristo entregou-se completamente a vós.
Isso é, para mim, ensinamento, exemplo e dom inefável.
Eu também me coloco inteiramente em vossas mãos.
Alcançai-me a graça de conhecer, imitar
e amar sempre mais o Divino Mestre,
Caminho, Verdade e Vida.
Iluminai a minha mente, fortificai a minha vontade,
santificai o meu coração,
para que eu possa corresponder à vossa bondade.
Amém.

Bem-aventurado Tiago Alberione

---

Prática transformadora – Reconheça e agradeça às pessoas do seu convívio que possuem uma grande fé.

# Dia 15

## Tema: "Que se cumprirá o que lhe foi dito da parte do Senhor"

*Reflexão*

Deus cumpre o que promete. Ele é fiel. Esta é a fé de Maria e a razão da sua esperança. Mesmo em meio às dúvidas e incertezas diante da missão recebida, ela tem o olhar voltado à contemplação da história da salvação e reconhece os sinais de Deus nos acontecimentos. Esse olhar a impede de ficar paralisada no medo. Imbuída da presença de Deus, ela caminha junto com o seu Filho, vivendo na confiança e ofertando sua vida todos os dias.

Maria acolhe as surpresas de Deus em sua vida e na vida de Jesus. A sua fé está ligada à esperança e à revelação dos acontecimentos que nela se cumprirão. Sustentada pela fé, ela se coloca a caminho.

Maria é a portadora da maior Boa-Nova: a esperança da salvação. Os pobres, que clamavam por justiça, possuíam uma esperança. Maria foi o instrumento de Deus a fim de que a bênção chegasse ao povo. Ela nos ensina a acolher a vontade de Deus, mesmo quando não entendemos claramente a missão que ele nos confia. Maria respondeu ao chamado divino porque acreditou.

### Canto ou mantra
**Ave, Maria**
*Frei Luiz Turra*

*Ave, Maria! Ave, Maria! Ave! Ave! Ave, Maria.*

### Oração
**Consagração de si a Maria**

Acolhei-me, ó Maria, Mãe, Mestra e Rainha,
entre os que amais, nutris e santificais
e guiais na escola de Jesus Cristo, Divino Mestre.
Vós reconheceis nos planos de Deus
os filhos que ele chama, e por eles intercedeis,
obtendo-lhes graça, luz e conforto.
Desde a encarnação até a ascensão,
Jesus Cristo entregou-se completamente a vós.
Isso é, para mim, ensinamento, exemplo e dom inefável.
Eu também me coloco inteiramente em vossas mãos.
Alcançai-me a graça de conhecer, imitar
e amar sempre mais o Divino Mestre,
Caminho, Verdade e Vida.
Iluminai a minha mente, fortificai a minha vontade,
santificai o meu coração,
para que eu possa corresponder à vossa bondade.
Amém.

Bem-aventurado Tiago Alberione

---

Prática transformadora – Procure crescer na confiança e entrega ao Senhor.

## *Cântico de Maria*

Então Maria disse: "Proclama minha alma
a grandeza do Senhor,
alegra-se meu espírito em Deus,
meu salvador,
que olhou para a humildade de sua serva.
A partir de agora,
todas as gerações me chamarão bem-aventurada,
porque o Poderoso fez coisas grandiosas para mim.
Santo é seu nome,
e sua misericórdia, de geração em geração,
é para aqueles que o temem.
Ele realizou proeza com o seu braço:
dispersou os planos dos soberbos,
derrubou do trono os poderosos e elevou os humildes,
cumulou de bens os famintos e despediu vazios os ricos.
Auxiliou Israel, seu servo,
tendo lembrado da misericórdia,
como prometera a nossos pais,
em favor de Abraão
e de sua descendência,
para sempre".

(Lc 1,46-55)

# Dia 16

## Tema: Então Maria disse: "Proclama minha alma"

*Reflexão*

Até aqui refletimos sobre a narrativa da visita de Maria a sua prima Isabel. A partir de agora, vamos meditar sobre o Cântico de Maria, o *Magnificat*, proclamado na casa de Isabel.

Já parou para pensar na força dessa cena? O encontro das duas mulheres é um acontecimento tão importante que, segundo a tradução de *A Bíblia*, de Paulinas Editora: "A saudação de Isabel antecipa a identificação de Jesus como Senhor, título de Jesus Ressuscitado. Conforme a prática social, quem é considerado o menor cumprimenta o maior e o servo vai até o senhor; a visita de Maria inverte essas convenções".

O *Magnificat* se inspira no cântico proclamado por Ana (1Sm 2,1-10), mãe do profeta Samuel, depois que Deus a abençoou com um filho. Não é, portanto, um cântico exclusivo de Maria, dada a semelhança textual com o cântico de Ana. Contudo, ele reflete a experiência de Maria, mulher escolhida por Deus, cuja vida manifesta confiança nas promessas divinas relativas à história e à esperança do seu povo.

O cântico começa com uma proclamação: "Proclama minha alma"; assim como Maria, somos convidados a louvar a

Deus pelas grandes coisas que ele realiza em nossa vida. Devemos reconhecer e testemunhar a bondade divina, sabendo que Deus age de maneira poderosa e amorosa, mesmo nas situações mais simples.

No início do cântico, Maria exprime o que está profundamente enraizado em seu coração e faz uma linda proclamação, reconhecendo e anunciando publicamente as maravilhas de Deus. Carrega na sua experiência muita gratidão e louvor. Ela torna-se um exemplo de como nossa vida interior deve se refletir em palavras e ações concretas, proclamando o bem que Deus realiza em nós e no mundo.

A atitude de Maria é de total entrega e comunhão com o propósito de Deus. Assim como Jesus optou pelos mais simples, Maria também o faz. Além de se sentir contemplada, ela também reconhece nos outros a grandeza de Deus. Que a caminhada que estamos fazendo com Maria neste mês, através dessas palavras, inspire em nós um coração mais agradecido e confiante no amor e na misericórdia de Deus. Sigamos!

### *Canto ou mantra*

**Maravilhas, fez o Senhor!**
*Verônica Firmino e Dalva Tenório*

*Magnificat, Magnificat, Magnificat.*
*Maravilhas, fez por mim o Senhor!*
*Minha alma engrandece o Senhor*
*e se alegra meu espírito no meu Salvador.*

*Oração*

**Consagração de si a Maria**

Acolhei-me, ó Maria, Mãe, Mestra e Rainha,
entre os que amais, nutris e santificais
e guiais na escola de Jesus Cristo, Divino Mestre.
Vós reconheceis nos planos de Deus
os filhos que ele chama, e por eles intercedeis,
obtendo-lhes graça, luz e conforto.
Desde a encarnação até a ascensão,
Jesus Cristo entregou-se completamente a vós.
Isso é, para mim, ensinamento, exemplo e dom inefável.
Eu também me coloco inteiramente em vossas mãos.
Alcançai-me a graça de conhecer, imitar
e amar sempre mais o Divino Mestre,
Caminho, Verdade e Vida.
Iluminai a minha mente, fortificai a minha vontade,
santificai o meu coração,
para que eu possa corresponder à vossa bondade.
Amém.

Bem-aventurado Tiago Alberione

> Prática transformadora – Observe pessoas de sua convivência ou notícias nos meios de comunicação que o inspirem a louvar e agradecer a presença de Deus nos acontecimentos.

# Dia 17

## Tema: "A grandeza do Senhor"

### *Reflexão*

Refletimos, no texto anterior, que Maria proclama com a sua alma. E, ao proclamar, ela "reconhece e anuncia publicamente as maravilhas de Deus". Você já passou pela experiência de estar em algum lugar público, como em uma igreja ou celebração etc., e, quando o coordenador do encontro pede para alguém dizer algo, fazer uma prece ou um agradecimento, surge um grande silêncio? Já se perguntou por que temos tanta dificuldade em proclamar publicamente algo bom, em reconhecer as maravilhas que acontecem em nossa vida?

Maria não teve medo. E como sabemos disso? Porque o texto que fala sobre isso chegou até nós. Nas poucas vezes em que os Evangelhos citam Maria, sua presença é marcante. Quantas oportunidades perdemos quando temos medo de nos expressar, não é mesmo?

Pois bem, Maria reconhece a "grandeza do Senhor", e isso significa que ela enaltece o poder e a soberania de Deus sobre todas as coisas. Ao declarar isso, ela nos ensina que devemos reconhecer Deus como maior do que todas as circunstâncias, sejam elas boas ou não. Ele é o Criador de tudo, cuja grandeza transcende qualquer situação humana.

### *Canto ou mantra*

**Maravilhas, fez o Senhor!**

Verônica Firmino e Dalva Tenório

*Magnificat, Magnificat, Magnificat.*
*Maravilhas, fez por mim o Senhor!*
*Minha alma engrandece o Senhor*
*e se alegra meu espírito no meu Salvador.*

### Oração

**Consagração de si a Maria**

Acolhei-me, ó Maria, Mãe, Mestra e Rainha,
entre os que amais, nutris e santificais
e guiais na escola de Jesus Cristo, Divino Mestre.
Vós reconheceis nos planos de Deus
os filhos que ele chama, e por eles intercedeis,
obtendo-lhes graça, luz e conforto.
Desde a encarnação até a ascensão,
Jesus Cristo entregou-se completamente a vós.
Isso é, para mim, ensinamento, exemplo e dom inefável.
Eu também me coloco inteiramente em vossas mãos.
Alcançai-me a graça de conhecer, imitar
e amar sempre mais o Divino Mestre,
Caminho, Verdade e Vida.
Iluminai a minha mente, fortificai a minha vontade,
santificai o meu coração,
para que eu possa corresponder à vossa bondade.
Amém.

Bem-aventurado Tiago Alberione

Prática transformadora – A grandeza de Deus, para Maria, se manifesta tanto em sua própria experiência pessoal quanto no plano universal de salvação. Procure olhar para a própria vida, a família, o trabalho, o bairro ou lugar em que vive, e observe a grandeza de Deus. Reconheça isso e, em seguida, agradeça.

# Dia 18

## Tema: "Alegra-se meu espírito em Deus"

### *Reflexão*

Nesse trecho do *Magnificat*, Maria revela uma alegria que transcende as emoções humanas passageiras e se enraíza no seu relacionamento com Deus. A expressão "alegra-se meu espírito" indica a profundidade do seu ser, a sua essência; e, "em Deus", significa que a sua alegria está nele.

Maria não se alegra por situações externas ou realizações meramente pessoais, mas porque Deus está presente em sua vida de maneira poderosa, amorosa e transformadora. A sua alegria, antes de tudo, está em Deus, que é eterno. Esta é uma alegria que não desaparece diante das dificuldades ou provações, pois se fundamenta no amor e na fidelidade de Deus. Maria reconhece que, diante da grandeza da missão que lhe foi confiada, a de ser a Mãe do Salvador, ela pode confiar plenamente no Senhor, pois ele a sustenta e a conduz nessa jornada.

Em um mundo onde muitas vezes buscamos a felicidade em coisas temporárias e superficiais, Maria nos mostra que a alegria verdadeira se encontra em Deus. Não é uma alegria que depende de momentos felizes ou de sucesso material, mas de uma confiança profunda no amor de Deus e em sua presença constante. Por isso, essa alegria se torna duradoura.

A Irmã Tecla Merlo, cofundadora da congregação das Irmãs Paulinas, costumava dizer: "Não podemos estar sempre alegres, mas podemos estar sempre em paz". Você já passou por uma experiência de luto, recebeu uma crítica que lhe machucou muito, ou, ainda, enfrentou uma doença que lhe tirou a alegria, mas, ao olhar para dentro de si, encontrou um sentimento de paz interior que o confortava? Isso não quer dizer que você estivesse soltando fogos ou rindo, mas sentia que uma paz interior o consolava. Não havia o sentimento de angústia desesperadora, mas sim muita paz em seu coração. Já passou por essa experiência?

Quando nosso espírito se alegra em Deus, encontramos paz mesmo em meio às incertezas e desafios da vida. É isso que Maria quer nos ensinar.

### *Canto ou mantra*

**Maravilhas, fez o Senhor!**
*Verônica Firmino e Dalva Tenório*

*Magnificat, Magnificat, Magnificat.*
*Maravilhas, fez por mim o Senhor!*
*Minha alma engrandece o Senhor*
*e se alegra meu espírito no meu Salvador.*

### *Oração*

**Consagração de si a Maria**
Acolhei-me, ó Maria, Mãe, Mestra e Rainha,
entre os que amais, nutris e santificais
e guiais na escola de Jesus Cristo, Divino Mestre.

Vós reconheceis nos planos de Deus
os filhos que ele chama, e por eles intercedeis,
obtendo-lhes graça, luz e conforto.
Desde a encarnação até a ascensão,
Jesus Cristo entregou-se completamente a vós.
Isso é, para mim, ensinamento, exemplo e dom inefável.
Eu também me coloco inteiramente em vossas mãos.
Alcançai-me a graça de conhecer, imitar
e amar sempre mais o Divino Mestre,
Caminho, Verdade e Vida.
Iluminai a minha mente, fortificai a minha vontade,
santificai o meu coração,
para que eu possa corresponder à vossa bondade.
Amém.

Bem-aventurado Tiago Alberione

> Prática transformadora – Pare por alguns instantes, procure fazer memória dos momentos que lhe trouxeram verdadeira alegria interior e sinta essa alegria novamente. Fazer memória nos ajuda a perceber a força da vida que habita em nós. Em seguida, tente lembrar se já proporcionou alegria a alguém e como essa pessoa se sentiu.

# Dia 19

## Tema: "Meu Salvador"

### *Reflexão*

Quando Maria se refere a Deus como "meu Salvador", ela expressa uma verdade central da fé cristã: que todos, inclusive ela, precisam da salvação de Deus. Esse reconhecimento é um ato de profunda humildade. Mesmo sendo escolhida para o mais elevado papel, o de Mãe do Salvador, Maria não se coloca acima dos outros seres humanos. Pelo contrário, ela se inclui no plano de salvação de Deus, reconhecendo que, assim como toda a humanidade, ela precisa da misericórdia de Deus.

Essa declaração de Maria é muito significativa, porque revela que, apesar de sua posição privilegiada na história da salvação, ela não se exalta. Ela compreende que seu papel é fruto da graça e da eleição de Deus, e não de méritos pessoais. Ou seja, Deus ama gratuitamente. Ao chamar a Deus de "meu Salvador", Maria reflete sua profunda fé e confiança na ação salvadora dele, e esse reconhecimento se torna um exemplo para todos nós.

A palavra "salvador" não apenas indica alguém que resgata ou liberta, mas implica um relacionamento pessoal com Deus. Maria não fala de Deus como "o Salvador", mas como "meu Salvador". Isso sublinha a sua intimidade e relação com ele. Ela nos ensina que a salvação deve ser experimentada de forma pessoal e íntima, como um encontro transformador com o amor divino. E isso é muito bonito, não é mesmo?

## *Canto ou mantra*

**Maravilhas, fez o Senhor!**

Verônica Firmino e Dalva Tenório

*Magnificat, Magnificat, Magnificat.*
*Maravilhas, fez por mim o Senhor!*
*Minha alma engrandece o Senhor*
*e se alegra meu espírito no meu Salvador.*

## *Oração*

**Consagração de si a Maria**

Acolhei-me, ó Maria, Mãe, Mestra e Rainha,
entre os que amais, nutris e santificais
e guiais na escola de Jesus Cristo, Divino Mestre.
Vós reconheceis nos planos de Deus
os filhos que ele chama, e por eles intercedeis,
obtendo-lhes graça, luz e conforto.
Desde a encarnação até a ascensão,
Jesus Cristo entregou-se completamente a vós.
Isso é, para mim, ensinamento, exemplo e dom inefável.
Eu também me coloco inteiramente em vossas mãos.
Alcançai-me a graça de conhecer, imitar
e amar sempre mais o Divino Mestre,
Caminho, Verdade e Vida.
Iluminai a minha mente, fortificai a minha vontade,
santificai o meu coração,
para que eu possa corresponder à vossa bondade.
Amém.

Bem-aventurado Tiago Alberione

Prática transformadora – Maria nos ensina que somos chamados a nos aproximar de Deus com humildade, reconhecendo a necessidade de sua redenção. Escolha as frases ou palavras que mais o tocaram nesse texto e, em seguida, faça uma oração chamando a Deus de "meu Salvador" e desejando viver essa intimidade com ele no dia a dia, assim como Maria viveu.

# Dia 20

## Tema: "Que olhou para a humildade de sua serva"

*Reflexão*

Há um ditado popular que diz: "Deus vê além das aparências". O que esse ditado tem a ver com a experiência mariana? Uma das coisas mais importantes de quando lemos a Bíblia é saber que cada livro, capítulo, versículo, tem um contexto e, se não nos atermos a isso com cuidado, corremos o risco de fazer interpretações erradas. Então, vamos observar o contexto da frase de Maria? Maria, com sua vida simples, tornou-se o maior exemplo de como Deus exalta os humildes.

Ela estava disposta a servir e acolheu o projeto de Deus mesmo sem compreender completamente as consequências de sua escolha. Sua confiança e obediência são um modelo de fé para nós. Maria ensina que o verdadeiro valor não está no que possuímos ou conquistamos, mas em como nos colocamos à disposição de Deus para que ele possa realizar algo maior através de nós. É importante ter presente que aquilo que vem de Deus será sempre algo bom e valioso. Ele jamais nos pediria algo que não estivesse de acordo com os seus propósitos.

Maria reconhece que Deus "olhou para sua humildade", uma afirmação que vai além de uma simples atitude, como costumamos dizer com a expressão "modéstia à parte". A humildade de Maria reflete sua condição de jovem simples, praticamente invisível aos olhos do mundo, vivendo em Nazaré, uma vila sem importância social ou política. Maria não possuía riquezas, poder ou qualquer *status* que, humanamente, pudesse atrair atenção ou prestígio.

Ela reconhece a sua humildade, e esse reconhecimento é o que a torna verdadeiramente grande aos olhos de Deus. O mundo, em geral, valoriza o poder, a riqueza e o *status*, mas Deus age de maneira inversa. Ele busca os corações que se colocam à disposição de seu plano, aqueles que estão prontos para servir sem buscar qualquer glória pessoal. A escolha de Maria mostra que a grandeza aos olhos de Deus não é medida por padrões humanos, mas pela capacidade de alguém aderir completamente à sua vontade, sem reservas. E é por isso que ela é tão grande. Já parou para pensar o quanto Maria é amada e venerada em tantos santuários dedicados a ela pelo mundo? Cada povo a chama por um nome que se identifica com a sua realidade.

Ao reconhecer sua posição como "serva", Maria testemunha sua obediência e entrega. Mostra-se aberta ao chamado de Deus, embora também questione. Mas, hoje, olhando para esse acontecimento tanto tempo depois, é impactante ver o tamanho da fé dela; essa atitude de total confiança e entrega nos desafia também a viver uma fé mais viva, capaz de dar respostas. Sim, Maria entendeu que ser a Mãe do Salvador era um projeto grande. São escolhas para fazer um bem maior que a vida nos pede. E, assim, somos convidados a confiar que Deus nos escolhe e nos capacita para realizar seus propósitos, independentemente de nossa condição ou das limitações que o mundo possa nos impor.

## *Canto ou mantra*

**Maravilhas, fez o Senhor!**
*Verônica Firmino e Dalva Tenório*

*Magnificat, Magnificat, Magnificat.*
*Maravilhas, fez por mim o Senhor!*
*Minha alma engrandece o Senhor*
*e se alegra meu espírito no meu Salvador.*

## *Oração*

**Consagração de si a Maria**

Acolhei-me, ó Maria, Mãe, Mestra e Rainha,
entre os que amais, nutris e santificais
e guiais na escola de Jesus Cristo, Divino Mestre.
Vós reconheceis nos planos de Deus
os filhos que ele chama, e por eles intercedeis,
obtendo-lhes graça, luz e conforto.
Desde a encarnação até a ascensão,
Jesus Cristo entregou-se completamente a vós.
Isso é, para mim, ensinamento, exemplo e dom inefável.
Eu também me coloco inteiramente em vossas mãos.
Alcançai-me a graça de conhecer, imitar
e amar sempre mais o Divino Mestre,
Caminho, Verdade e Vida.
Iluminai a minha mente, fortificai a minha vontade,
santificai o meu coração,
para que eu possa corresponder à vossa bondade.
Amém.

Bem-aventurado Tiago Alberione

Prática transformadora – Reserve um momento para sua oração pessoal e reflita se é uma pessoa que sente muito medo e que, por isso, não consegue tomar decisões, ou se é alguém que se arrisca, assim como Maria. Independentemente da resposta, procure realizar hoje um ato de amor e observe se estaria disposto a fazer algo a mais. Pense em uma ação concreta que o ajude a crescer nas virtudes teologais: fé, esperança e caridade.

# Dia 21

## Tema: "A partir de agora, todas as gerações me chamarão bem-aventurada"

### *Reflexão*

Encontramos nesse trecho bíblico uma resposta que toda pessoa que assume uma missão deveria ter em mente: é fundamental ter consciência do que está sendo abraçado. E assumir uma missão para servir significa saber lidar com a força do poder em benefício do outro. Observe a consciência da resposta de Maria: "A partir de agora, todas as gerações me chamarão bem-aventurada". Maria reconhece que sua missão não é apenas pessoal, mas tem um impacto universal. Ao se reconhecer como "bem-aventurada", ela compreende que sua vida se torna uma referência para todas as gerações que buscam compreender o plano de Deus.

Sua história de vida não é um evento isolado na cidade de Nazaré, na Galileia; é parte essencial da obra redentora de Deus para o mundo. Ao dizer "sim" ao plano de Deus, Maria revela que a verdadeira grandeza está em permitir que ele aja em nossa vida e faça de nós instrumentos de sua vontade. Refletimos no texto anterior que o chamado de Deus é sempre voltado para um bem maior, mesmo que seja uma tarefa difícil. Contudo, ele jamais nos deixará sozinhos em nossa tarefa.

A "bem-aventurança" de Maria também está ligada à sua humildade e obediência. Diferente dos grandes e poderosos deste mundo, que muitas vezes buscam reconhecimento e glória, ela é exaltada justamente por se colocar à disposição de Deus de maneira simples e discreta.

Ao longo dos séculos, Maria tem sido reverenciada por cristãos de todas as culturas como um ícone de fé, devoção e amor a Deus. Contudo, a sua "bem-aventurança" não se limita a um reconhecimento terreno, mas aponta para o seu Filho, Jesus Cristo. Quem ama Maria ama Jesus, e quem ama Jesus ama Maria. Não é possível seguir Jesus sem ser grato a Maria.

### Canto ou mantra

**Maravilhas, fez o Senhor!**

*Verônica Firmino e Dalva Tenório*

*Magnificat, Magnificat, Magnificat.*
*Maravilhas, fez por mim o Senhor!*
*Minha alma engrandece o Senhor*
*e se alegra meu espírito no meu Salvador.*

### Oração

**Consagração de si a Maria**

Acolhei-me, ó Maria, Mãe, Mestra e Rainha,
entre os que amais, nutris e santificais
e guiais na escola de Jesus Cristo, Divino Mestre.
Vós reconheceis nos planos de Deus
os filhos que ele chama, e por eles intercedeis,
obtendo-lhes graça, luz e conforto.

Desde a encarnação até a ascensão,
Jesus Cristo entregou-se completamente a vós.
Isso é, para mim, ensinamento, exemplo e dom inefável.
Eu também me coloco inteiramente em vossas mãos.
Alcançai-me a graça de conhecer, imitar
e amar sempre mais o Divino Mestre,
Caminho, Verdade e Vida.
Iluminai a minha mente, fortificai a minha vontade,
santificai o meu coração,
para que eu possa corresponder à vossa bondade.
Amém.

Bem-aventurado Tiago Alberione

> Prática transformadora – A vida de Maria, sua resposta ao chamado divino e sua entrega total à vontade de Deus são um convite a refletir sobre como cada um de nós pode ser "bem-aventurado. Qual é a missão que você assume como trabalhador? Sente-se bem-aventurado ao servir nessa missão? Caso não, o que lhe falta? Se gosta da missão que realiza, mas nunca havia pensado nessa perspectiva, comece a pensar e a colocá-la em prática, reconhecendo que o poder de servir é um poder para transformar o outro. E, quando os frutos da missão acontecem, você se torna bem-aventurado.

# Dia 22

## Tema: "Porque o Poderoso fez coisas grandiosas para mim"

### Reflexão

Ao proclamar: "Porque o Poderoso fez coisas grandiosas para mim", Maria nos recorda que o verdadeiro protagonista de sua história é Deus, que a escolheu e a capacitou para uma missão única. Ao ser chamada para ser a Mãe do Messias, ela não atribuiu glória a si mesma, mas ao poder e à graça de Deus.

Vamos recordar o momento em que Jesus nasceu e os desafios que Maria enfrentou: precisou colocar o seu filho numa manjedoura; Herodes procurou obter informações sobre a localização do nascimento do menino com o intuito de eliminá-lo; José e Maria tiveram que fugir para o Egito; voltaram para Nazaré. Note que Maria é o tempo todo protagonista do seu papel de mãe, juntamente com José. E Deus conduz, salva, instrui, fala até em sonhos com José. E sua voz é escutada e obedecida.

Toda essa dinâmica reflete a profunda humildade e o entendimento de Maria de que os acontecimentos mais significativos da sua vida são fruto da intervenção divina. Pessoas que recebem grandes missões costumam reconhecer a providência de Deus em sua vida. Você certamente deve conhecer pessoas assim.

Queremos recordar aqui da primeira Irmã Paulina que chegou ao Brasil, em 1931, a Irmã Dolores Baldi, que teve uma história emocionante. Ela gostava de falar sobre como se sentia: "Um nada". Não tinha nada para começar a missão paulina no Brasil, nem dinheiro, nem casa, nem comida. E nem mesmo havia outra irmã para fazer-lhe companhia. E, quando ela narrava essa experiência em detalhes, dizia: "Tudo é obra de Deus, foi ele quem tudo fez; demos graças a ele, tudo é obra de Deus".

Acontecimentos assim se deram com tantos santos, profetas e pessoas do nosso tempo. E por que não nos incluirmos nessa lista também? Pois crescer na vida espiritual exige empenho e atenção diária aos sinais que Deus nos revela. O Cardeal José Tolentino Mendonça costuma dizer que "o cristão não deveria chegar ao final do dia sem ter nada para contar". Certamente, se cultivarmos essa atenção, poderemos perceber "coisas grandiosas", assim como Maria, que reconheceu que o plano de salvação de Deus seria concretizado através de sua vida e do nascimento de Jesus.

O texto bíblico nos mostra que, por meio de pessoas simples e humildes, Deus realiza sua obra redentora no mundo. A vida de Maria é um testemunho de que, quando nos colocamos à disposição de Deus com fé e confiança, ele pode transformar nossa vida e realizar sua vontade de forma extraordinária no nosso cotidiano. Maria foi um canal de bênção para o mundo porque confiou no poder amoroso de Deus, e essa confiança a levou a participar do mistério da encarnação.

## Canto ou mantra

**Maravilhas, fez o Senhor!**

*Verônica Firmino e Dalva Tenório*

*Magnificat, Magnificat, Magnificat.*
*Maravilhas, fez por mim o Senhor!*
*Minha alma engrandece o Senhor*
*e se alegra meu espírito no meu Salvador.*

## Oração

**Consagração de si a Maria**

Acolhei-me, ó Maria, Mãe, Mestra e Rainha,
entre os que amais, nutris e santificais
e guiais na escola de Jesus Cristo, Divino Mestre.
Vós reconheceis nos planos de Deus
os filhos que ele chama, e por eles intercedeis,
obtendo-lhes graça, luz e conforto.
Desde a encarnação até a ascensão,
Jesus Cristo entregou-se completamente a vós.
Isso é, para mim, ensinamento, exemplo e dom inefável.
Eu também me coloco inteiramente em vossas mãos.
Alcançai-me a graça de conhecer, imitar
e amar sempre mais o Divino Mestre,
Caminho, Verdade e Vida.
Iluminai a minha mente, fortificai a minha vontade,
santificai o meu coração,
para que eu possa corresponder à vossa bondade.
Amém.

Bem-aventurado Tiago Alberione

Prática transformadora – Ao final do dia, reflita sobre como Deus se manifestou na sua vida e onde percebeu que "o Poderoso fez maravilhas". Agradeça o(os) acontecimento(s). Com o tempo, seu olhar estará mais sensível à ação de Deus, e irá perceber o quanto cresceu na espiritualidade mariana.

# Dia 23

## Tema: "Santo é seu nome"

### *Reflexão*

Maria reconhece a santidade de Deus ao declarar "Santo é o seu nome". A palavra "santo" nesse cântico reflete não só a pureza de Deus, mas também que ele é digno de todo louvor, honra e glória. Isso nos convida a meditar sobre a santidade de Deus em nossa própria vida, buscando uma relação mais profunda com ele, baseada no respeito, na fé e no reconhecimento de sua bondade. Como você costuma se dirigir a Deus?

Podemos também afirmar que a santidade de Deus, mencionada no *Magnificat*, mostra que ele é digno de total confiança e adoração, sendo fonte de tudo o que é bom. A declaração de Maria também nos chama a refletir sobre como a santidade de Deus pode transformar nossa vida. Quando reconhecemos essa santidade, somos convidados a abandonar tudo o que nos distancia de Deus e a buscar uma vida mais conforme à sua vontade. É importante não nos esquecermos de que a santidade é algo que se vive no dia a dia, seja em nossa vida pessoal, profissional ou familiar. Existe o pensamento de que a santidade é algo distante, mas, na verdade, ela se dá em nosso cotidiano.

Não nos restam dúvidas de que, se fôssemos mais santos, o mundo seria um lugar melhor para se viver. Mas não podemos esquecer que: "... Deus amou o mundo: a ponto de dar o seu Unigênito, a fim de que não pereça, mas tenha a vida eterna" (Jo 3,16). Foi neste mundo que Maria vivenciou uma das experiências mais bonitas com Deus e viveu na santidade. Em um mundo tão necessitado de gestos de humanidade, nós também somos enviados a ser sinais do amor e da presença de Deus. Assim como Maria viveu sua fé com humildade e devoção, somos chamados a fazer o mesmo, buscando refletir a santidade de Deus em nossas ações diárias. Proclamar "Santo é o seu nome" significa também afirmar nosso compromisso de deixar que essa santidade nos transforme e nos conduza a uma vida mais humana e mais plena em Deus. Maria nos ensina que o verdadeiro caminho da santidade passa por uma entrega confiante e obediente ao plano divino, moldando nosso comportamento, nossas atitudes e nossos pensamentos onde quer que estejamos.

### Canto ou mantra

**Maravilhas, fez o Senhor!**

*Verônica Firmino e Dalva Tenório*

*Magnificat, Magnificat, Magnificat.*
*Maravilhas, fez por mim o Senhor!*
*Minha alma engrandece o Senhor*
*e se alegra meu espírito no meu Salvador.*

### Oração

**Consagração de si a Maria**

Acolhei-me, ó Maria, Mãe, Mestra e Rainha,
entre os que amais, nutris e santificais

e guiais na escola de Jesus Cristo, Divino Mestre.
Vós reconheceis nos planos de Deus
os filhos que ele chama, e por eles intercedeis,
obtendo-lhes graça, luz e conforto.
Desde a encarnação até a ascensão,
Jesus Cristo entregou-se completamente a vós.
Isso é, para mim, ensinamento, exemplo e dom inefável.
Eu também me coloco inteiramente em vossas mãos.
Alcançai-me a graça de conhecer, imitar
e amar sempre mais o Divino Mestre,
Caminho, Verdade e Vida.
Iluminai a minha mente, fortificai a minha vontade,
santificai o meu coração,
para que eu possa corresponder à vossa bondade.
Amém.

Bem-aventurado Tiago Alberione

> Prática transformadora – O Bem-aventurado Tiago Alberione disse, certa vez, às Filhas de São Paulo (Irmãs Paulinas), que elas deveriam rezar com a Bíblia numa mão e um jornal de notícias na outra, para atualizar a Paixão e morte de Jesus Cristo. Faça a experiência de olhar para a Paixão de Cristo no mundo, através dos meios de comunicação.

# Dia 24

## Tema: "E sua misericórdia, de geração em geração, é para aqueles que o temem"

### *Reflexão*

Quando Maria diz que a sua misericórdia se estende "de geração em geração", ela revela o caráter contínuo e universal desse amor compassivo, disponível a todos os que mantêm um relacionamento de reverência com relação a Deus. Isso demonstra que a fidelidade de Deus não muda com o tempo ou as circunstâncias, mas permanece constante ao longo da história humana, mesmo com a desobediência. Deus se mantém fiel e envia profetas para alertar as pessoas.

O temor mencionado no Cântico de Maria significa "um profundo respeito e reverência por Deus, uma atitude de admiração e obediência diante de sua santidade e poder". Aqueles que vivem com esse temor, com um coração voltado para Deus e uma vida de respeito aos seus mandamentos, são os que experimentam a misericórdia de forma mais plena. Certamente você já vivenciou acontecimentos em que sentiu que precisava pedir perdão a Deus e momentos em que quis agradecer. Essa dinâmica é importante para percebermos não só nossas fraquezas, mas também nossa vontade de crescer nesse temor, que não é medo, e sim o sentimento de "como posso ser tão amado e não responder também com o amor?".

Esse amor misericordioso de Deus envolve não apenas perdão, mas também cuidado, proteção e provisão ao longo da nossa vida. Maria nos convida a confiar no amor incondicional de Deus, que é fiel e misericordioso. "A história da salvação é marcada por esse amor que se renova em cada geração, alcançando todos aqueles que o temem." Assim como Maria experimentou essa misericórdia em sua vida, somos chamados a viver em confiança e reverência, sabendo que a misericórdia divina não falha e que se faz sempre presente, acompanhando-nos em nossa jornada espiritual e nas nossas necessidades cotidianas.

### *Canto ou mantra*

**Maravilhas, fez o Senhor!**

*Verônica Firmino e Dalva Tenório*

*Magnificat, Magnificat, Magnificat.*
*Maravilhas, fez por mim o Senhor!*
*Minha alma engrandece o Senhor*
*e se alegra meu espírito no meu Salvador.*

### *Oração*

**Consagração de si a Maria**

Acolhei-me, ó Maria, Mãe, Mestra e Rainha,
entre os que amais, nutris e santificais
e guiais na escola de Jesus Cristo, Divino Mestre.

Vós reconheceis nos planos de Deus
os filhos que ele chama, e por eles intercedeis,
obtendo-lhes graça, luz e conforto.
Desde a encarnação até a ascensão,
Jesus Cristo entregou-se completamente a vós.
Isso é, para mim, ensinamento, exemplo e dom inefável.
Eu também me coloco inteiramente em vossas mãos.
Alcançai-me a graça de conhecer, imitar
e amar sempre mais o Divino Mestre,
Caminho, Verdade e Vida.
Iluminai a minha mente, fortificai a minha vontade,
santificai o meu coração,
para que eu possa corresponder à vossa bondade.
Amém.

Bem-aventurado Tiago Alberione

> Prática transformadora – Reserve um momento para fazer uma oração pessoal e observe se o sentimento que carrega é de medo ou de temor a Deus. Se for de medo, o que Deus representa para você? Quem foram as pessoas que lhe apresentaram Deus e como elas falaram dele? Se for de temor (respeito e reverência), continue cultivando esse sentimento e compartilhe com alguém o verdadeiro significado de temer a Deus, como nos ensina Maria.

# Dia 25

## Tema: "Ele realizou proezas com seu braço: dispersou os planos dos soberbos"

### *Reflexão*

Nesse trecho bíblico, Maria utiliza a imagem do "braço de Deus" como uma metáfora para descrever sua força e ação no mundo. Essa imagem nos lembra de que o poder de Deus é incomparável e que, mesmo quando parece estar oculto, está sempre ativo, guiando a história do seu povo.

Os "soberbos" representam aqueles que confiam excessivamente em suas próprias forças, ignorando ou rejeitando a presença de Deus. O orgulho, que faz o ser humano acreditar que pode agir sem Deus, é constantemente frustrado pela intervenção divina. Maria nos ensina que a arrogância humana, por mais poderosa que pareça, é incapaz de se sustentar diante da vontade de Deus.

Seu testemunho é um convite à confiança humilde em Deus. E humildade aqui não se trata de humilhação. Aliás, você se lembra de alguma experiência em que precisou contar com a ajuda de alguém e essa pessoa "salvou" você? E em que a sensação de humildade o fortaleceu na relação com o outro? É isso que Maria nos ensina: o orgulho humano será sempre desmascarado. Em nossa caminhada, devemos aprender a depender não de nossas próprias forças ou habilidades, mas do braço forte de Deus, que age de maneira justa e misericordiosa. Assim, somos chamados a viver com humildade, sabendo que é Deus quem exalta os humildes e derruba os soberbos, revelando que toda glória e poder pertencem a ele, e não àqueles que exaltam a si mesmos.

## Canto ou mantra
**Maravilhas, fez o Senhor!**

Verônica Firmino e Dalva Tenório

Magnificat, Magnificat, Magnificat.
Maravilhas, fez por mim o Senhor!
Minha alma engrandece o Senhor
e se alegra meu espírito no meu Salvador.

## Oração
**Consagração de si a Maria**

Acolhei-me, ó Maria, Mãe, Mestra e Rainha,
entre os que amais, nutris e santificais
e guiais na escola de Jesus Cristo, Divino Mestre.
Vós reconheceis nos planos de Deus
os filhos que ele chama, e por eles intercedeis,
obtendo-lhes graça, luz e conforto.
Desde a encarnação até a ascensão,
Jesus Cristo entregou-se completamente a vós.
Isso é, para mim, ensinamento, exemplo e dom inefável.
Eu também me coloco inteiramente em vossas mãos.

Alcançai-me a graça de conhecer, imitar
e amar sempre mais o Divino Mestre,
Caminho, Verdade e Vida.
Iluminai a minha mente, fortificai a minha vontade,
santificai o meu coração,
para que eu possa corresponder à vossa bondade.
Amém.

Bem-aventurado Tiago Alberione

Prática transformadora – Escolha frases ou palavras que mais o tocaram nesse texto e carregue-as com você ao longo do dia. Ao final do dia, refletir sobre como essas palavras geraram vida em você.

# Dia 26

## Tema: "Derrubou do trono os poderosos e elevou os humildes"

### *Reflexão*

Nesse trecho bíblico, "Maria celebra a justiça de Deus", que inverte as expectativas humanas e transforma a ordem do mundo. Enquanto a sociedade frequentemente valoriza o poder, a riqueza e o *status*, Deus derruba os poderosos de seus tronos e eleva os humildes.

Maria proclama uma inversão de valores e desafia os padrões da sociedade. Deus não olha para as aparências ou para o poder exterior, mas para o coração. Aqueles que, aos olhos do mundo, são pequenos, fracos ou desprezados, são exatamente os que Deus escolhe para realizar seus maiores feitos. Essa preferência confunde os poderosos, e faz com que os humildes percebam o quanto são capazes de transformar a realidade em que vivem.

Maria é o exemplo vivo dessa ação de Deus. Como serva humilde, ela não buscou exaltação, mas acolheu o plano divino com total confiança, aceitando e realizando com dedicação a missão a ela confiada. Em sua humildade, foi exaltada como a Mãe de Deus e, através dela, revelou-se o maior dos mistérios: a encarnação. Vamos refletir um pouco sobre a importância da encarnação de Jesus.

No Império Romano, o politeísmo era predominante, e os deuses gregos e romanos eram amplamente adorados. Muitos desses deuses tinham templos e cultos dedicados em cidades ao redor do império. Esses deuses eram adorados em grandes templos, como o Panteão em Roma, e o culto imperial elevava os próprios imperadores romanos à divindade após sua morte. Com a encarnação de Jesus, temos um Deus humano e divino, nascido de uma mulher e gerado pela força do Espírito Santo. Ao encarnar, ele passa a viver entre nós e a sentir nossas alegrias e dores. Você já parou para pensar na força da encarnação de um Deus no meio de nós?

## *Canto ou mantra*

**Maravilhas, fez o Senhor!**

Verônica Firmino e Dalva Tenório

*Magnificat, Magnificat, Magnificat.*
*Maravilhas, fez por mim o Senhor!*
*Minha alma engrandece o Senhor*
*e se alegra meu espírito no meu Salvador.*

## *Oração*

**Consagração de si a Maria**

Acolhei-me, ó Maria, Mãe, Mestra e Rainha,
entre os que amais, nutris e santificais
e guiais na escola de Jesus Cristo, Divino Mestre.
Vós reconheceis nos planos de Deus
os filhos que ele chama, e por eles intercedeis,
obtendo-lhes graça, luz e conforto.

Desde a encarnação até a ascensão,
Jesus Cristo entregou-se completamente a vós.
Isso é, para mim, ensinamento, exemplo e dom inefável.
Eu também me coloco inteiramente em vossas mãos.
Alcançai-me a graça de conhecer, imitar
e amar sempre mais o Divino Mestre,
Caminho, Verdade e Vida.
Iluminai a minha mente, fortificai a minha vontade,
santificai o meu coração,
para que eu possa corresponder à vossa bondade.
Amém.

Bem-aventurado Tiago Alberione

> Prática transformadora – O convite para hoje é o de contemplar o poder da encarnação de Jesus através de Maria. Somente as religiões cristãs têm a graça de ter um Deus que se encarnou e viveu no meio de nós. Quais são seus sentimentos diante desse mistério tão grande, acolhido e gerado por Maria?

# Dia 27

## Tema: "Cumulou de bens os famintos e despediu vazios os ricos"

### *Reflexão*

Maria recorda que a justiça de Deus atua em favor dos necessitados e deixa aqueles que confiam em seus próprios recursos, sem nada. Refletimos anteriormente sobre o objetivo da missão de Jesus. Os "famintos" aqui simbolizam aqueles que não apenas carecem de alimento material, mas também os que têm sede e fome de justiça. Os "ricos", por outro lado, representam os que se apegam ao poder e às posses materiais, colocando essas coisas acima de Deus. O cântico não condena a riqueza em si, mas a autossuficiência e a soberba que muitas vezes acompanham o acúmulo de posses. Quando os ricos não partilham, eles ficam de fora da alegria, apegados a seus bens passageiros.

É interessante perceber que não há como cultivar uma espiritualidade mariana sem compromisso social. Basta olhar para a caminhada que viemos trilhando desde o início. O Cântico de Maria é uma voz profética, social e política, que mexe com as estruturas, parecendo não deixar nada de fora. E por que isso acontece? Porque o ser humano é a obra-prima da criação de Deus, o qual se interessa por nós e, por isso, se compromete. No entanto, vivemos em uma sociedade corrupta, preconceituosa, excludente. Maria denuncia essa situação, e sua denúncia é proclamada em forma de cântico. É uma experiência que tem um poder de transformação impressionante. Algo gestado e observado a partir da realidade que ela vivia. Em seu cântico, ela celebra um Deus que se volta para os marginalizados e necessitados, mostrando que sua misericórdia não falha em prover o necessário para os que verdadeiramente dependem de sua bondade.

Esse trecho bíblico nos convida a refletir sobre nossas próprias atitudes, inclusive sobre como estamos cuidando da nossa Casa Comum (o mundo em que vivemos). Maria nos mostra que Deus está sempre atento às necessidades dos humildes e dos que têm fome de sua presença, mas não isenta ninguém da construção de um mundo melhor. Deus faz justiça ao mundo, elevando os que se colocam em uma posição de dependência e humildade, e nos alerta sobre os perigos de confiar excessivamente nas coisas passageiras.

### *Canto ou mantra*

**Maravilhas, fez o Senhor!**

*Verônica Firmino e Dalva Tenório*

*Magnificat, Magnificat, Magnificat.*
*Maravilhas, fez por mim o Senhor!*
*Minha alma engrandece o Senhor*
*e se alegra meu espírito no meu Salvador.*

*Oração*

**Consagração de si a Maria**

Acolhei-me, ó Maria, Mãe, Mestra e Rainha,
entre os que amais, nutris e santificais
e guiais na escola de Jesus Cristo, Divino Mestre.
Vós reconheceis nos planos de Deus
os filhos que ele chama, e por eles intercedeis,
obtendo-lhes graça, luz e conforto.
Desde a encarnação até a ascensão,
Jesus Cristo entregou-se completamente a vós.
Isso é, para mim, ensinamento, exemplo e dom inefável.
Eu também me coloco inteiramente em vossas mãos.
Alcançai-me a graça de conhecer, imitar
e amar sempre mais o Divino Mestre,
Caminho, Verdade e Vida.
Iluminai a minha mente, fortificai a minha vontade,
santificai o meu coração,
para que eu possa corresponder à vossa bondade.
Amém.

Bem-aventurado Tiago Alberione

> Prática transformadora – O convite de hoje é para perceber se sua devoção mariana é uma prática mais devocional ou se também inclui um olhar para a realidade social e política, assim como o de Maria. Ao refletir sobre o marco de sua devoção, qual é o próximo passo que deseja dar na sua fé?

# Dia 28

## Tema: "Auxiliou Israel, seu servo"

*Reflexão*

Israel é uma das civilizações mais antigas e importantes. Sua história começa com os patriarcas bíblicos, especialmente Abraão, Isaac e Jacó, sendo este último também conhecido como Israel, que deu nome ao povo.

Maria, ao proclamar que Deus auxiliou Israel, reflete uma profunda gratidão pela constante presença e ação de Deus na história do povo escolhido. Esse auxílio foi constante ao longo de gerações, guiando Israel em momentos de opressão, exílio e provações. O Cântico de Maria revela essa confiança inabalável no Deus que jamais abandona os seus.

Ademais, ao falar de Israel como "servo", Maria assinala o serviço que o povo é convidado a realizar. Se recordarmos, Jesus concluiu a sua missão colocando um avental, ajoelhando-se e lavando os pés dos discípulos. E, em seguida, disse: "Eu vos dei o exemplo, para que vós façais uns com os outros". O relacionamento de Deus com Israel é marcado por essa aliança de serviço. Maria se coloca também como serva nesse contexto, reconhecendo que, assim como Israel, ela depende completamente do auxílio divino em sua missão de Mãe do Salvador.

Por fim, o auxílio de Deus, embora dirigido historicamente a Israel, não se limita a um único povo, ao contrário, expande-se a todos os povos, "de geração em geração". Maria amplia essa visão ao reconhecer que a fidelidade e o cuidado de Deus se estendem a todos os que nele depositam sua confiança, independentemente de nação ou tempo. O trecho bíblico que traz essa mensagem representa uma "promessa de que Deus está sempre presente e operando na vida dos que o buscam com fé". Ele é um Deus que auxilia, guia e fortalece, não apenas em grandes momentos históricos, mas também na vida cotidiana daqueles que se mantêm fiéis à sua vontade.

## *Canto ou mantra*

**Maravilhas, fez o Senhor!**

*Verônica Firmino e Dalva Tenório*

*Magnificat, Magnificat, Magnificat.*
*Maravilhas, fez por mim o Senhor!*
*Minha alma engrandece o Senhor*
*e se alegra meu espírito no meu Salvador.*

## *Oração*

**Consagração de si a Maria**

Acolhei-me, ó Maria, Mãe, Mestra e Rainha,
entre os que amais, nutris e santificais
e guiais na escola de Jesus Cristo, Divino Mestre.
Vós reconheceis nos planos de Deus
os filhos que ele chama, e por eles intercedeis,
obtendo-lhes graça, luz e conforto.

Desde a encarnação até a ascensão,
Jesus Cristo entregou-se completamente a vós.
Isso é, para mim, ensinamento, exemplo e dom inefável.
Eu também me coloco inteiramente em vossas mãos.
Alcançai-me a graça de conhecer, imitar
e amar sempre mais o Divino Mestre,
Caminho, Verdade e Vida.
Iluminai a minha mente, fortificai a minha vontade,
santificai o meu coração,
para que eu possa corresponder à vossa bondade.
Amém.

Bem-aventurado Tiago Alberione

> Prática transformadora – A prática de servir, hoje em dia, pode ter muitas interpretações. No texto bíblico, servir reflete o mandamento do amor ao próximo. Com base nisso, realize um serviço para alguém que esteja precisando.

# Dia 29

## Tema: "Tendo lembrado da misericórdia"

*Reflexão*

Quando Maria afirma que Deus "lembrou da misericórdia", ela quer ressaltar a fidelidade de Deus em cumprir suas promessas. No contexto bíblico, "lembrar" não é um simples ato de memorizar, mas implica uma ação. Quando Deus se "lembra", ele age em conformidade com suas promessas. Maria reconhece que o nascimento de Jesus é o cumprimento dessa promessa antiga feita a Israel e à humanidade, agora realizada em sua plenitude.

Esse trecho bíblico também nos convida a meditar sobre o caráter imutável de Deus. Enquanto os seres humanos muitas vezes esquecem promessas ou deixam de cumprir responsabilidades, Deus não se esquece de seu povo. Toda vez que prometemos algo importante, é como se assinássemos um contrato, e esse contrato de alguma forma é uma "segurança" para ambas as partes de que o prometido será cumprido. Deus é fiel e não precisa de contrato; sua misericórdia é constante, atravessa gerações e permanece firme, mesmo diante da infidelidade humana.

A vida de Maria é um testemunho de como a graça e a fidelidade de Deus operam de maneira silenciosa, amorosa e poderosa em favor dos que confiam nele. Ela nos ensina que a misericórdia de Deus é um dom que deve ser reconhecido e celebrado. Ao dizer que Deus "lembrou da misericórdia", Maria quer nos recordar de que somos chamados a viver na confiança de que Deus sempre agirá em nosso favor, mesmo que, às vezes, não compreendamos seus caminhos.

Com Maria não foi diferente; por isso "ela guardava tudo no coração". Através de Maria e de seu cântico, percebemos que a ação misericordiosa de Deus é um fio condutor que atravessa a história, unindo passado, presente e futuro, e que cada um de nós pode fazer parte dessa história divina ao responder ao chamado com fé e entrega.

### *Canto ou mantra*

**Maravilhas, fez o Senhor!**

*Verônica Firmino e Dalva Tenório*

*Magnificat, Magnificat, Magnificat.*
*Maravilhas, fez por mim o Senhor!*
*Minha alma engrandece o Senhor*
*e se alegra meu espírito no meu Salvador.*

### *Oração*

**Consagração de si a Maria**

Acolhei-me, ó Maria, Mãe, Mestra e Rainha,
entre os que amais, nutris e santificais
e guiais na escola de Jesus Cristo, Divino Mestre.
Vós reconheceis nos planos de Deus
os filhos que ele chama, e por eles intercedeis,
obtendo-lhes graça, luz e conforto.

Desde a encarnação até a ascensão,
Jesus Cristo entregou-se completamente a vós.
Isso é, para mim, ensinamento, exemplo e dom inefável.
Eu também me coloco inteiramente em vossas mãos.
Alcançai-me a graça de conhecer, imitar
e amar sempre mais o Divino Mestre,
Caminho, Verdade e Vida.
Iluminai a minha mente, fortificai a minha vontade,
santificai o meu coração,
para que eu possa corresponder à vossa bondade.
Amém.

Bem-aventurado Tiago Alberione

> Prática transformadora – Reflita sobre como percebe que Deus tem se lembrado da sua história, bem como da história da sua família, da sua comunidade, do seu bairro ou país. Ao fazer essas memórias, observe como essa história vem sendo construída, buscando perceber a misericórdia de Deus em cada etapa.

# Dia 30

## Tema: "Como prometera a nossos pais, em favor de Abraão e de sua descendência para sempre"

### *Reflexão*

Abraão, considerado o pai da fé, foi o primeiro a receber a promessa de uma descendência numerosa e abençoada. A aliança entre Deus e Abraão estabelece a promessa de uma descendência numerosa e a posse da terra de Canaã, além de bênçãos para todas as nações por meio de sua linhagem. Maria reconhece que, com o nascimento de Cristo, a promessa de Deus se cumpre, trazendo a salvação não apenas ao povo de Israel, mas a toda a humanidade. Podemos contemplar neste trecho bíblico a relevância do plano divino, "que atravessa gerações e se cumpre na plenitude dos tempos".

Ademais, a promessa feita a Abraão e sua descendência não é apenas uma questão histórica, mas uma realidade viva que afeta todos os crentes. A fé de Maria, expressa no *Magnificat*, ecoa a fé de Abraão, que também confiou plenamente na promessa divina. Ao reconhecer essa aliança, Maria nos ensina que Deus não esquece seus compromissos e age de maneira fiel, mesmo que, às vezes, seus planos pareçam demorados ou incompreensíveis aos olhos humanos. Mais uma vez, podemos entender os motivos pelos quais "Maria guardava tudo em seu coração".

Por fim, Maria nos convida a olhar para o futuro com esperança. E o Papa Francisco nos motiva a viver o Jubileu da Esperança, um ano santo e especial para a Igreja. O Jubileu é um tempo de renovação espiritual, perdão e conversão, marcado por peregrinações e indulgências. O desejo do Papa é de que os fiéis redescubram o sentido da esperança cristã em um mundo marcado por crises, conflitos e desafios.

A encarnação de Jesus é a prova de que Deus é fiel e cumpre todas as suas promessas, convidando-nos a também sermos fiéis e perseverantes em nossa caminhada de fé e de esperança.

## Canto ou mantra
**Maravilhas, fez o Senhor!**
*Verônica Firmino e Dalva Tenório*

*Magnificat, Magnificat, Magnificat.*
*Maravilhas, fez por mim o Senhor!*
*Minha alma engrandece o Senhor*
*e se alegra meu espírito no meu Salvador.*

## Oração
**Consagração de si a Maria**
Acolhei-me, ó Maria, Mãe, Mestra e Rainha,
entre os que amais, nutris e santificais
e guiais na escola de Jesus Cristo, Divino Mestre.

Vós reconheceis, nos planos de Deus,
os filhos que ele chama, e por eles intercedeis,
obtendo-lhes graça, luz e conforto.
Desde a encarnação até a ascensão,
Jesus Cristo entregou-se completamente a vós.
Isso é, para mim, ensinamento, exemplo e dom inefável.
Eu também me coloco inteiramente em vossas mãos.
Alcançai-me a graça de conhecer, imitar
e amar sempre mais o Divino Mestre,
Caminho, Verdade e Vida.
Iluminai a minha mente, fortificai a minha vontade,
santificai o meu coração,
para que eu possa corresponder à vossa bondade.
Amém.

       Bem-aventurado Tiago Alberione

> Prática transformadora – O desejo do Papa Francisco com o Jubileu da Esperança é de que os fiéis redescubram o sentido da esperança cristã em um mundo marcado por crises, conflitos e desafios. Como Maria e Abraão podem hoje iluminar sua caminhada?

# Dia 31

## Tema: Maria permaneceu com ela cerca de três meses e, depois, voltou para sua casa

*Reflexão*

Chegamos ao último dia da nossa caminhada com Maria. É muito significativo observar que, depois da proclamação do cântico, Maria permanece com Isabel por cerca de três meses. Esse gesto reflete sua humildade e serviço. Após cumprir sua missão junto à Isabel, ela volta para casa, e vive uma vida comum, simples, de obediência a Deus e cuidado com os outros.

Maria opta pelo caminho do serviço silencioso e discreto. Revela-nos, com isso, que a santidade está em pequenos gestos de amor, serviço e atenção ao próximo. Ela volta à sua vida simples e cotidiana, mostrando que a espiritualidade não está separada das responsabilidades e tarefas diárias. Ensina-nos que podemos encontrar a Deus não apenas em momentos de grande elevação espiritual, como quando o anjo a saudou, mas também em meio à rotina, ao trabalho, e, também, no relacionamento diário com a família. Assim, a vida de Maria é um convite a viver a fé de maneira concreta, com humildade, serviço e presença amorosa nas pequenas e grandes ocasiões da vida. Essa consciência que Maria tinha a preparou para os desafios após o nascimento e a vida pública de Jesus.

Esse último trecho bíblico nos lembra de que a verdadeira grandeza está no servir e que o cotidiano também pode ser um lugar de encontro com Deus. Jesus teve um exemplo de serviço concreto dentro de casa; ele mostrou a importância de servir ao lavar os pés dos discípulos.

Concluímos o mês dedicado a Maria e agora somos inspirados a seguir nossa jornada com tudo o que aprendemos com ela. Com certeza, em muitos momentos da sua jornada, você assumirá o papel de "Isabel", e, em tantos outros, o de "Maria".

Boa caminhada!

### *Canto ou mantra*

**Maravilhas, fez o Senhor!**

*Verônica Firmino e Dalva Tenório*

*Magnificat, Magnificat, Magnificat.*
*Maravilhas, fez por mim o Senhor!*
*Minha alma engrandece o Senhor*
*e se alegra meu espírito no meu Salvador.*

### *Oração*

**Consagração de si a Maria**

Acolhei-me, ó Maria, Mãe, Mestra e Rainha,
entre os que amais, nutris e santificais
e guiais na escola de Jesus Cristo, Divino Mestre.

Vós reconheceis, nos planos de Deus,
os filhos que ele chama, e por eles intercedeis,
obtendo-lhes graça, luz e conforto.
Desde a encarnação até a ascensão,
Jesus Cristo entregou-se completamente a vós.
Isso é, para mim, ensinamento, exemplo e dom inefável.
Eu também me coloco inteiramente em vossas mãos.
Alcançai-me a graça de conhecer, imitar
e amar sempre mais o Divino Mestre,
Caminho, Verdade e Vida.
Iluminai a minha mente, fortificai a minha vontade,
santificai o meu coração,
para que eu possa corresponder à vossa bondade.
Amém.

Bem-aventurado Tiago Alberione

> Prática transformadora – Parabéns pela dedicação em passar um mês na companhia de Maria! Escreva agora o seu próprio *Magnificat*. Comece rabiscando palavras que mais o tocaram nas reflexões diárias e, em seguida, componha o seu canto, assim como fez Maria. Por fim, proclame. Ele é um legado de sua espiritualidade mariana que conduz a seu Filho Jesus.

# Conclusão

A visitação de Nossa Senhora e o *Magnificat* apresentam uma síntese da experiência de fé de Maria. Ao meditar as palavras desses textos, frase por frase, passamos a conhecer melhor o seu coração, a sua espiritualidade e seu louvor diante da missão recebida por Deus.

Maria faz parte de uma história de fé que é também a nossa. Vive uma vida espiritual fecunda, por meio de um diálogo vivo e permanente com Deus, e sua oração manifesta e aponta para o que ela vive e crê.

A vida de Maria é uma renovação do seu "sim"; ela sabe o que o "faça-se" significa! A resposta à sua vocação é vivida de forma simples e concreta, fundamentada em sua experiência de fé e alimentada por meio da sua oração, em consonância com a história da Salvação.

O *Magnificat* transparece o ser de Maria, é a ação de graças de quem medita os acontecimentos com um olhar de fé e esperança, elevando a Deus seus louvores, em reconhecimento de que a sua mão está sobre os que o buscam de coração sincero.

A Mãe de Deus nos ensina que a fé é amadurecida no silêncio e que a Palavra precisa de espaço para chegar até o coração e tornar-se vida. Por meio do seu silêncio fecundo, a Palavra se fez alimento para todos os que buscam o Senhor.

Maria viveu em constante meditação sobre os acontecimentos ao seu redor e buscando compreender o que o Senhor queria. Viveu sob a ação do Espírito Santo, e a sua vida foi permeada por entrega confiante, louvor e ação de graças. Como serva, abriu-se à graça de Deus, reconhecendo a sua grandeza. Com o seu "sim" à missão divina, é-nos oferecido o Salvador do mundo; os pobres do Senhor são elevados e a sua esperança é reavivada.

Maria canta a ação de Deus, que olhou para ela com misericórdia, e reconhece a grandeza do Senhor, por isso exulta de alegria. No *Magnificat*, vemos o renascimento da esperança e a promessa de vida nova, com o prenúncio da justiça de Deus. É essa esperança que a sustentará, e, por meio dela, será renovada a Esperança que não cede nas dificuldades, mas que tem como fundamento a fé e é alimentada pela caridade. Como afirma o Papa Francisco: "A Esperança encontra, na Mãe de Deus, a sua testemunha mais elevada" (Bula do Jubileu, Papa Francisco).

Os cânticos sugeridos, com as respectivas indicações de autoria, estão na página a seguir. Eles podem ser acessados por meio do QR Code que lá se encontra.

# Sugestão de refrões meditativos

CD: "Mantras: para uma espiritualidade de comunhão"
Frei Luiz Turra
Ave, Maria

CD: "Assim falou Jesus"
Ir. Celina Weschenfelder, fsp
Minha mãe e meus irmãos

CD: "Tudo por causa de um grande amor"
Ir. Miria T. Kolling
Salve, Mãe de Misericórdia!

CD: "Serena confiança"
Ir. Verônica Firmino
Esta é a nossa missão

CD: "Serena confiança"
Ir. Verônica Firmino e Dalva Tenório
Maravilhas, fez o Senhor!

CD: "Serena confiança"
Ir. Verônica Firmino
Buscar a vontade de Deus

CD: "Serena confiança"
Ir. Verônica Firmino
Roga ao Senhor da messe

CD: "Louvemos o Senhor"
Vols. 3, 4 e 5.
Coro Edipaul/Paulinas Comep
Magnificat

CD: "Glorifica minha alma ao Senhor"
Ir. Miria T. Kolling/Coral e
Orquestra Baccarelli

# Poemas marianos

Repete ainda hoje a canção do *Magnificat*
E anuncia o transbordamento da justiça
A todos os oprimidos da terra.
Não nos deixes sozinhos à noite
A salmodiar nossos medos.
Pelo contrário, se, nos momentos de escuridão,
Estiveres ao nosso lado
E nos sussurrares que tu também,
Virgem do Advento,
Estás esperando a luz,
As fontes do pranto secarão em nosso rosto.
E juntos despertaremos na aurora.
Assim seja.

Dom Tonino Bello. In: *Maria, mulher de nossos dias*

Maria era uma mulher de reflexão e interioridade.
"Senhora do silêncio e da cruz,
Senhora do amor e da entrega,
Senhora da Palavra recebida
E da palavra empenhada,
Senhora da paz e da esperança,
Senhora de todos os que partem,
Porque és a senhora
Do caminho da páscoa."

Inácio Larrañaga. In: *O silêncio de Maria*

O anjo espera a tua resposta, ó Maria! Esperamos também nós, ó Senhora, este teu dom que é dom de Deus. Está nas tuas mãos o preço do nosso resgate. Responde, depressa, ó Virgem! Pronuncia, ó Senhora, a palavra que a terra e o céu esperam. Dá a tua palavra e acolhe a Palavra; diz a tua palavra humana e concebe a Palavra de Deus; pronuncia a tua palavra que passa e estreita no teu seio a Palavra que é eterna... Abre, portanto, ó Virgem bendita, o teu coração à fé, os teus lábios à palavra, o teu seio ao Criador; eis, aquele que é o desejo de todas as gentes está fora e bate à tua porta... Levanta-te, corre, abre! Levanta-te com a tua fé, corre com o teu afeto, abre com o teu consentimento.

Gianfranco Ravasi. In: *Os rostos de Maria na Bíblia*

### *Lembras, Maria?*

Tu te lembras, Maria, da anunciação do anjo? Tu, em tua pobre casa, jamais imaginarias que a tua vida dali em diante mudaria e que eras a jovem que Deus escolheria. Sim, tu és cheia de graça, de tantas que até hoje não te cansas de derramá-las a quem as pede. Foste por Deus agraciada e soubeste, naquele mesmo dia, que terias um Filho e lhe darias o nome de Jesus. Certamente, tu já havias pensado em ser mãe; quantos filhos imaginavas que terias? Mas Deus te surpreendeu em fazer-te gerar o seu Filho e em pedir que adotasses tantos outros, todos necessitados do teu amor, dos teus cuidados, da tua sabedoria e da tua intercessão. Sim, são muitos os teus filhos.

Acreditaste na Palavra de Deus, colocaste-te à disposição para que tudo acontecesse segundo esta Palavra. E foi nela que fundamentaste a tua vida, foi a ela que recorreste em todos os momentos, foi ela a tua segurança nos momentos em que tudo parecia confuso, difícil de ser compreendido.

Depois que aceitaste o convite, tudo em tua vida mudou. Sabias que precisava viver de fé, e ela impulsionaria os teus atos. Foste visitar Isabel; ela precisava de ti. Não perdeste tempo nem pensaste o quanto teria que viajar para ir a seu encontro. Arrumaste tuas coisas e pediste a José que te acompanhasse. Quando lá chegaste, com que felicidade ouviste a saudação de Isabel: "Bendito é o fruto do teu ventre. Tu és feliz, Maria, porque acreditaste. Deus cumprirá a sua Palavra".

Os meses passavam velozes e a cada dia sentia em teu íntimo que teu Filho em breve nasceria.

Estavas a caminho, quando sentiste que a hora havia chegado. Não havendo lugar para ti, deste a luz numa estrebaria e colocaste o Filho de Deus numa manjedoura. Naquele instante, a humanidade inteira estremeceu de alegria, os anjos anunciaram a Boa-Nova. Guardaste tudo no coração, mesmo sem entender... Mas, por que precisarias entender tudo? Quando sentias que bastava ter fé. E tu a tiveste. Muitos acontecimentos sucederam este fato, ouviste até que sofrerias com teu Filho. Tu o criaste e, depois, o deixaste cumprir sua missão. Lembra-te quando foste com ele àquele casamento em Caná da Galileia? Logo percebeste a falta de vinho e pensaste em como seria desagradável aos anfitriões se não tivessem o que servir. Resolveste pedir a teu Filho que fizesse algo. Sabias que ele podia e, mesmo diante da recusa, insististe: "Façam o que ele disser". Foi o que ordenaste. E, graças a ti e a teu olhar de mãe sempre atento, tudo acabou bem.

Na cruz, Maria, ao ver Jesus, assumiste a maternidade universal. Sim, tu serias Mãe de um grande povo e olharia por ele, como pediu Jesus. Tu não recusaste o pedido do teu Filho, assim como ele não deixa de atender a um pedido teu.

Hoje continuas a acompanhar os discípulos de Jesus, a pedir a luz do Espírito Santo, como fizeste em Pentecostes, e, junto a Jesus, realizas no mundo numerosos sinais de ressurreição.

Ir. Maria Goretti, fsp

# Orações marianas

### *Ave-Maria*

Ave, Maria, cheia de graça, o Senhor é convosco; bendita sois vós entre as mulheres, e bendito é o fruto do vosso ventre, Jesus. Santa Maria, Mãe de Deus, rogai por nós, pecadores, agora e na hora de nossa morte. Amém.

### *Salve-Rainha*

Salve, Rainha, Mãe de misericórdia, vida, doçura e esperança nossa, salve! A vós bradamos os degredados filhos de Eva, a vós suspiramos, gemendo e chorando, neste vale de lágrimas. Eia, pois, Advogada nossa, esses vossos olhos misericordiosos a nós volvei, e depois deste desterro mostrai-nos Jesus, bendito fruto de vosso ventre, ó clemente, ó piedosa, ó doce sempre Virgem Maria.

### *Rainha dos céus*

— Rainha dos céus, alegrai-vos. Aleluia!
R. Porque aquele que merecestes trazer em vosso seio. Aleluia!
— Ressuscitou como disse. Aleluia!
R. Rogai por nós a Deus. Aleluia!
D.: Alegrai-vos e exultai, ó Virgem Maria. Aleluia!
C.: Porque o Senhor ressuscitou verdadeiramente! Aleluia.

Ó Deus, que, na gloriosa ressurreição do vosso Filho, restituístes a alegria ao mundo inteiro, pela intercessão da Virgem Maria, concedei-nos gozar a alegria da vida eterna. Por Cristo, Nosso Senhor. Amém.

## Lembrai-vos

Lembrai-vos, ó piíssima Virgem Maria, de que nunca se ouviu dizer que algum daqueles que tivessem recorrido à vossa proteção, implorado o vosso auxílio e reclamado o vosso socorro, fosse por vós desamparado.

## Consagração a Nossa Senhora

Ó minha Senhora! Ó minha Mãe! Eu me ofereço todo a vós! E, em prova da minha devoção para convosco, eu vos consagro, neste dia, meus olhos, meus ouvidos, minha boca, meu coração e inteiramente todo o meu ser! E, porque assim sou vosso, ó incomparável Mãe, guardai-me e defendei-me como filho e consagrado a vós. Amém.

Animado, pois, com igual confiança a vós, virgem entre todas singular, como Mãe, recorro: de vós me valho e, gemendo sob o peso dos meus pecados, prostro-me aos vossos pés. Não desprezeis as minhas súplicas, ó Mãe do Filho de Deus humanado, mas dignai-vos atender aos meus pedidos e alcançar-me o que vos rogo. Amém.

## Ato de consagração a Nossa Senhora Aparecida

Ó Maria Santíssima, pelos méritos de Nosso Senhor Jesus Cristo, em vossa querida imagem de Aparecida, espalhais inúmeros benefícios sobre todo o Brasil.

Eu, embora indigno de pertencer ao número de vossos filhos e filhas, mas cheio do desejo de participar dos benefícios de vossa misericórdia, prostrado a vossos pés, consagro-vos o meu entendimento, para que sempre pense no amor que mereceis; consagro-vos a minha língua, para que sempre vos louve e propague a vossa devoção; consagro-vos o meu coração, para que, depois de Deus, vos ame sobre todas as coisas.

Recebei-me, ó Rainha incomparável, vós que o Cristo crucificado nos deu por Mãe, no ditoso número de vossos filhos e filhas; acolhei-me debaixo de vossa proteção; socorrei-me em todas as minhas necessidades, espirituais e temporais, sobretudo na hora de minha morte.

Abençoai-me, ó celestial cooperadora, e, com vossa poderosa intercessão, fortalecei-me em minha fraqueza, a fim de que, servindo-vos fielmente nesta vida, possa louvar-vos, amar-vos e dar-vos graças no céu, por toda a eternidade. Assim seja.

## *Oração para passar bem o dia*

Maria, minha querida e terna Mãe,
colocai vossa mão sobre a minha cabeça.
Guardai minha mente, coração e sentidos,
para que eu não cometa o pecado.
Santificai meus pensamentos, sentimentos,
palavras e ações, para que eu possa agradar a vós
e ao vosso Jesus e meu Deus.
E, assim, possa partilhar da vossa felicidade no céu.
Jesus e Maria, dai-me vossa bênção.
Em nome do Pai, do Filho e do Espírito Santo. Amém.

Bem-aventurado Tiago Alberione

## *Ladainha de Nossa Senhora*

Senhor, tende piedade de nós.
Cristo, tende piedade de nós.
Senhor, tende piedade de nós.
Cristo, ouvi-nos.
Cristo, atendei-nos.

Deus Pai do céu, tende piedade de nós.
Deus Filho, Redentor do mundo, tende piedade de nós.
Deus Espírito Santo, tende piedade de nós.
Santíssima Trindade, que sois um só Deus,
tende piedade de nós.

Santa Maria, rogai por nós.
Santa Mãe de Deus,
Santa Virgem das virgens,
Mãe de Cristo,
Mãe da Igreja,
Mãe de misericórdia,
Mãe da divina graça,
Mãe da esperança,
Mãe puríssima,
Mãe castíssima,
Mãe sempre virgem,
Mãe imaculada,
Mãe digna de amor,
Mãe admirável,
Mãe do Bom Conselho,
Mãe do Criador,
Mãe do Salvador,
Virgem prudentíssima,

Virgem venerável,
Virgem louvável,
Virgem poderosa,
Virgem clemente,
Virgem fiel,
Espelho de perfeição,
Sede da Sabedoria,
Fonte de nossa alegria,
Vaso espiritual,
Tabernáculo da eterna glória,
Moradia consagrada a Deus,
Rosa mística,
Torre de Davi,
Torre de marfim,
Casa de ouro,
Arca da aliança,
Porta do céu,
Estrela da manhã,
Saúde dos enfermos,
Refúgio dos pecadores,
Socorro dos migrantes,
Consoladora dos aflitos,
Auxílio dos cristãos,
Rainha dos Anjos,
Rainha dos Patriarcas,
Rainha dos Profetas,
Rainha dos Apóstolos,
Rainha dos Mártires,
Rainha dos Confessores da fé,
Rainha das Virgens,
Rainha de todos os santos,

Rainha concebida sem pecado original,
Rainha assunta ao céu,
Rainha do Santo Rosário,
Rainha da paz.

Cordeiro de Deus que tirais os pecados do mundo,
perdoai-nos, Senhor.

Cordeiro de Deus que tirais os pecados do mundo,
ouvi-nos, Senhor.

Cordeiro de Deus que tirais os pecados do mundo,
tende piedade de nós.

Rogai por nós, Santa Mãe de Deus, para que sejamos
dignos das promessas de Cristo.

# Santo Rosário

*Oferecimento*

Em nome do Pai, do Filho e do Espírito Santo. Amém.

Divino Jesus, eu vos ofereço este rosário que vou rezar, contemplando os mistérios de vossa redenção. Concedei-me, pela intercessão de Maria, vossa Mãe Santíssima, a quem me dirijo, as virtudes que me são necessárias para bem rezá-lo e a graça de alcançar as indulgências desta santa devoção.

Creio em Deus Pai, todo-poderoso...

Pai nosso que estais nos céus...

Ave, Maria, cheia de graça... (3x)

Glória ao Pai, ao Filho...

*(Rezar 1 Pai-Nosso, 10 Ave-Marias e 1 Glória ao final de cada Mistério.)*

*Mistérios gozosos*

(As alegrias de Maria Santíssima
– segundas-feiras e sábados)

*Primeiro mistério*: Maria Santíssima recebe, pelo Anjo Gabriel, o anúncio de sua divina maternidade (Lc 1,26-38).

*Segundo mistério*: Maria Santíssima visita sua prima Isabel (Lc 1,39-56).

*Terceiro mistério*: Jesus nasce em uma gruta, em Belém (Lc 2,1-20).

*Quarto mistério*: Jesus é apresentado no Templo (Lc 2,22-38).

*Quinto mistério*: Jesus é encontrado no Templo entre os doutores (Lc 2,41-50).

## Mistérios luminosos

(A revelação do Reino de Deus personificado em Jesus – quintas-feiras)

*Primeiro mistério*: Jesus é batizado no rio Jordão (Mc 1,9-11).

*Segundo mistério*: Jesus realiza seu primeiro milagre, transformando água em vinho nas bodas de Caná (Jo 2,1-12).

*Terceiro mistério*: Jesus anuncia a Boa-Nova de Deus e convida à conversão (Mc 1,14-15).

*Quarto mistério*: Jesus é transfigurado diante dos discípulos (Mt 17,1-13).

*Quinto mistério*: Jesus institui a Eucaristia (Mc 14,22-25).

## Mistérios dolorosos

(As dores de Jesus e de Maria – terças e sextas-feiras)

*Primeiro mistério*: Jesus reza no Jardim das Oliveiras (Lc 22,39-46).

*Segundo mistério*: Jesus é flagelado (Mc 15,1-15).

*Terceiro mistério*: Jesus é coroado de espinhos (Mt 27,27-31).

*Quarto mistério*: Jesus carrega a cruz para o calvário (Lc 23,26-32).

*Quinto mistério*: Jesus morre na cruz (Lc 23,33-49).

*Mistérios gloriosos*

(A glória de Jesus e de Maria
– quartas-feiras e domingos)

*Primeiro mistério*: Jesus ressuscita da morte (Mt 28,1-15).

*Segundo mistério*: Jesus sobe aos céus (Lc 24,50-53).

*Terceiro mistério*: O Espírito Santo desce sobre Maria e os apóstolos (At 2,1-13).

*Quarto mistério*: Maria Santíssima é elevada aos céus (1Cor 15,50-53).

*Quinto mistério*: Maria Santíssima é coroada no céu como rainha (Ap 12,1-18).

*Agradecimento*

Graças vos damos, soberana Rainha, pelos benefícios que todos os dias recebemos de vossas mãos. Dignai-vos agora e para sempre nos tomar debaixo de vosso poderoso amparo, e, para mais vos obrigar, saudamo-vos com uma Salve-Rainha.

Salve, Rainha, Mãe de misericórdia...

Rua Dona Inácia Uchoa, 62
04110-020 – São Paulo – SP (Brasil)
Tel.: (11) 2125-3500
paulinas.com.br – editora@paulinas.com.br
Telemarketing e SAC: 0800-7010081